COMMENTAIRE

SUR

LA LOI DU 27 AVRIL 1825,

Relative à l'indemnité allouée aux anciens propriétaires des biens-fonds confisqués et vendus au profit de l'État en vertu des lois sur les émigrés, les condamnés et les déportés.

IMPRIMERIE ANTHe BOUCHER, RUE DES BONS-ENFANS, No. 34.

COMMENTAIRE

SUR

LA LOI DU 27 AVRIL 1825,

Relative à l'indemnité allouée aux anciens propriétaires des biens-fonds confisqués et vendus au profit de l'État en vertu des lois sur les émigrés, les condamnés et les déportés, extrait de l'Exposé des Motifs, des Rapports aux chambres et de la Discussion;

SUIVI

Des Lois applicables aux diverses contestations que fera naître cette loi entre les héritiers, donataires, légataires et créanciers, dont les droits sont rappelés par cette loi; des ordonnances du Roi des 1er. et 8 mai 1825, et du décret du 18 août 1807.

PAR LABERGE, AVOCAT.

Scire leges non hoc est verba earum tenere, sed vim ac potestatem.

(L. 17, ff. *de Legib.*)

A PARIS,

CHEZ CHAUMEROT, LIBRAIRE, AU PALAIS-ROYAL,
GALERIE DE BOIS.

1825.

COMMENTAIRE

SUR

LA LOI DU 27 AVRIL 1825,

Relative à l'indemnité allouée aux anciens propriétaires des biens-fonds confisqués et vendus au profit de l'État en vertu des lois sur les émigrés, les condamnés et les déportés.

TITRE PREMIER.

ARTICLE 1er.

« TRENTE millions de rente, au capital d'un mil-
» liard, sont affectés à l'indemnité *due par l'État*,
» aux Français dont les biens-fonds situés en
» France, ou qui faisaient partie du territoire de
» la France au 1er. janvier 1792, ont été confis-
» qués et aliénés, en exécution des lois sur les
» émigrés, les déportés et les condamnés révolu-
» tionnairement.

» Cette indemnité est définitive; et dans aucun
» cas, il ne pourra y être affecté une somme excé-
» dant celle qui est portée au présent article. »

Cet article 1er. de la loi éprouva dans sa rédaction, par la commission de la chambre des députés, une transmutation qui en changeait totalement la nature, et lui enlevait ce caractère politique et ce principe de sagesse qui la fait dériver du droit de la nature et des gens, et la rattache au droit public. Si le mot *due* fut ajouté d'après les observations de M. Bacot de Romans, ce qui dans le projet constatait que c'était *l'État, au profit* de qui les biens avaient été *confisqués* et *vendus*, qui était débiteur et indemnisait, n'en demeurait pas moins supprimé.

Cette rédaction maintenait des craintes, que des opinions plus que légères prononcées dans le cours de la discussion de cet article avaient fait surgir, qu'avaient confirmées la nouvelle rédaction de l'article 7 et l'introduction de l'article 22.

La chambre des pairs a restitué à la loi, par l'addition des mots *par l'État*, mis à la suite du mot *due*, son véritable caractère. C'est l'État qui a profité, c'est l'État qui indemnise; l'État indemnise parce qu'il ne peut priver aucun citoyen de sa propriété sans une juste indemnité. Mais cela devait être déclaré positivement, a dit M. le comte Portalis dans son rapport, pour lever toute équivoque, et ne laisser aucune inquiétude à la bonne foi timide et ignorante, ni aucun prétexte à la malveillance.

Les formes du gouvernement peuvent changer, les gouvernans passer, l'État reste toujours. C'est sur ce principe que l'auguste auteur de la charte déclare l'inviolabilité des propriétés dites *nationales*. Cette inviolabilité des contrats passés sous les gouvernemens antérieurs étant ainsi consacrée, le paiement d'une indemnité en devait être la suite.

Le but politique de la loi a été de faire un acte de justice, d'éteindre les haines, et d'assurer la paix publique, l'un des plus sacrés devoirs des gouvernemens, l'une des premières causes de leur institution et le plus constant besoin des sociétés.

Il a été ajouté dans le texte de l'article, à la suite de ces mots *situés en France*, ceux-ci : *ou qui faisaient partie du territoire de la France au* 1er. *janvier* 1792, sur la proposition de M. Chifflet, qui avait présenté cet amendement comme article additionnel.

Cette disposition n'est qu'en faveur des Français, restés Français. Si, quant à ceux de ces biens qui aujourd'hui sont, en vertu des derniers traités, passés avec leur population sous une domination étrangère, les réclamans ou quelqu'un d'eux ne sont plus Français, ils n'ont point droit à l'indemnité, il en faut dire autant de leurs héritiers, s'ils sont étrangers, parce que la France a réglé ce qui concernait leurs droits par des traités avec leurs gouvernemens.

L'indemnité telle qu'elle a été fixée est définitive. Cette déclaration a eu pour but de constater qu'au moyen de ce paiement l'État est quitte ; que par ce solde de compte de ce qui est dû aux anciens propriétaires, ils n'ont plus rien à demander, et que la validité des titres des nouveaux propriétaires est incontestable.

La loi n'est point une loi de rémunération, c'est une loi de réparation et de dédommagement; la mesure qu'elle consacre n'est point un hommage rendu à la fidélité et au dévouement de quelques-uns, mais une indemnité accordée, dans l'intérêt de tous, à ceux dont la propriété a été violée. Aussi la loi ne fait-elle point acception de personnes, ne recherche-t-elle ni les opinions ni la conduite.

Le républicain girondin, ou le Toulonnais royaliste, émigrés après le 31 mai; le conventionnel victime ou complice de Robespierre; les déportés des 9 thermidor et 18 fructidor sont égaux à ses yeux. Si les biens-fonds qu'ils possédaient ont été confisqués et aliénés en exécution des lois sur les émigrés, les déportés et les condamnés, ils recevront l'indemnité qu'elle alloue. (*Rapport de M. le comte Portalis.*)

Justice étant faite à tous, les Lyonnais dont les maisons furent rasées, et qui furent ou mitraillés ou obligés de fuir sur une terre étrangère; même les héritiers de Buzot dont la maison fut rasée, avec défenses de jamais bâtir sur l'emplacement, nous paraîtraient avoir des droits évidens à l'indemnité, si le précédent gouvernement n'eût pas déjà indemnisé les Lyonnais dépossédés par une indemnité de 800,000 fr., et remise des contributions pendant vingt ans pour les maisons rebâties.

Ordonner de raser des maisons, défendre de bâtir jamais sur leur emplacement, c'était confisquer. Ce genre de confiscation était à la vérité nouveau; mais c'était une confiscation. Souvenons-nous qu'une des fins de la loi est la réhabilitation de la propriété foncière.

Il a été demandé que les domaines congéables soient compris dans l'article 1er. par une disposition expresse.

Les domaines congéables sont une sorte de propriétés connues dans les départemens des Côtes-du-Nord, du Finistère et du Morbihan. C'étaient des landes, des bois, des terres vaines et vagues dans des contrées inhabitées. Elles étaient concédées par le propriétaire pour être défrichées, cultivées, habitées par les cessionnaires, qui étaient tenus d'y faire édifier les constructions nécessaires à leur habitation et à la culture des terres. Le cédant se réservait le droit de rentrer dans la chose concédée, en payant le prix des améliorations; il conservait ainsi le domaine direct, sa concession n'étant qu'un bail dit à convenant. Cependant ces sortes de concessions étaient moins des baux temporaires que des aliénations à perpétuité.

La loi du 7 juin 1791 régla les rapports des domaines avec les propriétaires fonciers, détermina leurs droits et devoirs respectifs, et abolit les usemens de Cornouailles, Rohan, Broucroi, Gouëllo, et tous autres qui seraient contraires aux règles par elle exprimées (1).

Ces domaines, s'ils étaient démembrés d'une terre noble, conservaient, d'après la jurisprudence du parlement de Bretagne, leur caractère primitif, et étaient partagés comme terres nobles.

Le décret du 27 août 1792 abolit cette sorte de tenure, et autorisa le domanier à devenir propriétaire incommutable par l'amortissement de sa redevance.

La loi du 9 brumaire an VI abrogea le décret du 27 août 1792; celui du 1er. prairial an II qui en était une déduction, rétablit ainsi le propriétaire foncier dans ses droits, mais ordonna que la loi du 7 juin 1791 serait exécutée. Cette sorte de propriété est donc foncière et comprise dans l'article 1er. C'est ce qu'a dit M. le comte Portalis, au nom de la commission, en ces termes : « L'article 1er. affecte l'indemnité aux anciens propriétaires de biens-fonds; et pour savoir si les anciens propriétaires de domaines congéables doivent y participer, il suffit d'examiner si les domaines congéables doivent être rangés dans la classe des biens-fonds. L'affirmation sur ce point ne saurait être douteuse. Les domaines congéables sont des héritages dont le propriétaire concède la jouissance, sans aliéner autre chose que les édifices qui s'y trouvent, et qu'il peut encore racheter à l'estimation lorsqu'il le désire. La propriété ne cesse donc pas de résider sur la tête du bailleur; et si une loi avait méconnu ce principe, en attribuant au domanier

» la propriété du fonds, comme dans le bail à
» rente foncière, une autre loi rendue sur la pro-
» position d'un noble pair, dont la chambre dé-
» plore la perte récente, a remis les choses dans
» l'état où elles étaient auparavant. Depuis, les
» propriétés de ce genre ont toujours été regar-
» dées comme propriétés foncières dans l'exécu-
» tion et des lois sur l'impôt et des lois sur le
» droit électoral. Ce sont donc des biens-fonds et
» leur confiscation, à quelque époque qu'elle ait
» eu lieu, qui donne droit à l'indemnité, comme la
» confiscation de tout autre héritage. »

M. le ministre d'état, commissaire du roi, a confirmé cette doctrine en déclarant que c'est dans le sens qui vient d'être exposé, qu'a été conçue la disposition du projet. Elle a pour but d'indemniser les anciens propriétaires des biens que la loi actuelle range dans la classe des biens-fonds; les domaines congéables étant de ce nombre, aucun doute ne peut s'élever à cet égard. (2)

Article 2.

« Pour les biens-fonds vendus en exécution
» des lois qui ordonnaient la recherche et l'indi-
» cation préalable du revenu de 1790, ou du re-
» venu valeur de 1790, l'indemnité consistera en
» une inscription de rente trois pour cent sur le
» grand livre de la dette publique, dont le ca-

» pital sera égal à dix-huit fois le revenu, tel qu'il » a été constaté par les procès-verbaux d'expertise ou d'adjudication.

» Pour les biens-fonds dont la vente a été faite » en vertu des lois antérieures au 12 prairial » an III, qui ne prescrivaient qu'une simple estimation préalable, l'indemnité se composera d'une » inscription de rente trois pour cent sur le grand » livre de la dette publique, dont le capital sera » égal au prix de vente réduit en numéraire au » jour de l'adjudication, d'après le tableau de » dépréciation des assignats, dressé, en exécution » de la loi du 5 messidor an V, dans le département où était située la propriété vendue.

» Lorsque le résultat des liquidations aura été » connu, les sommes restées libres sur les trente » millions de rente créés par l'article 1er., seront » employées à réparer les inégalités qui auraient » pu résulter des bases fixées par le présent article, suivant le mode qui sera réglé par une » loi. »

Pour déterminer le montant de l'indemnité, la première obligation était de connaître la valeur des propriétés vendues, et rien ne peut offrir plus d'embarras à l'esprit que l'adoption d'une base pour cette appréciation.

Il était impossible de la chercher dans les impositions actuelles. L'état des choses a subi dans un intervalle de trente années des modifications telles que la valeur d'aujourd'hui n'est plus en rapport avec celle d'autrefois.

L'expertise par experts assurerait des inconvéniens d'une nature grave; les visites et les expertises placeraient les nouveaux propriétaires en contact nécessaire et prolongé avec les anciens, ne conduirait qu'à des résultats vagues, arbitraires... elle mettrait ainsi aux prises les intérêts et les passions, sans aucune utilité pour la justice et pour la vérité.

On a pensé que les matrices de la contribution foncière existant à l'époque des ventes, pourraient fournir des indications suffisantes, on y a recouru; et il a été démontré qu'il fallait encore renoncer à cette voie. Les états de section, les matrices des rôles, et les rôles de 1793, n'existent plus dans une grande partie des départemens, il a donc fallu recourir à d'autres moyens, chercher dans les actes qui étaient au pouvoir de l'administration, des documens positifs qui fussent de nature à écarter toute possibilité d'arbitraire. (*Exposé des Motifs.*)

L'examen de tous les projets soumis à la commission, relativement au mode d'évaluation, a conduit à cette triste conclusion, qu'aucun plan n'était exempt d'inégalités nombreuses et considérables; qu'adopter une base dépendante de l'appréciation et de la conscience des hommes, quelque justes et inaccessibles à la faveur qu'on les suppose, ce serait nécessairement créer un arbitraire plus dangereux pour la société, plus malheureux pour les individus, que la plus grande inégalité, la plus grande rigueur des bases qu'aurait posées la loi la moins parfaite; que substituer au projet d'autres projets qui ne sont pas davantage exempts d'injustices particulières, c'est déplacer les injustices et non pas les prévenir; que, de plus, dans tous ces plans, les résultats de l'opération sont ajournés presque indéfiniment, inconvénient qui ne se rencontre pas dans le projet proposé par le ministère.

Cependant, si la raison commande de céder à ce qui ne peut être évité, la prudence et la justice s'accordent à prendre quelque précaution pour alléger le mal auquel il n'a pas été possible de se soustraire.

Nous avons examiné s'il ne convenait pas de former un fonds commun destiné à réparer les lésions énormes et évidentes. (*Rapport de M. Pardessus.*)

Les recherches opiniâtres de l'administration n'ayant pu lui fournir les données nécessaires pour soumettre à une règle commune l'évaluation de tous les biens vendus, elle a été réduite à chercher par quels moyens il serait possible d'y suppléer.

Les ventes pouvaient se diviser en deux grandes catégories : celles faites aux enchères publiques, et celles faites au moyen de soumission.

Pour ces dernières ventes, les actes d'adjudication indiquaient toujours la valeur du revenu que produisait le bien vendu en l'année 1790, conformément à la loi du 12 prairial an III, qui les avait autorisées.

Au contraire, les actes d'adjudication des ventes faites aux enchères, ne contenaient cette indication que par exception, aucune loi n'ayant prescrit qu'elle y fût insérée.

Il suit de-là que les actes de vente passés après soumission, portent en eux-mêmes la base certaine de l'évaluation des biens adjugés, et que l'on est réduit, pour connaître la valeur des biens vendus aux enchères, à interroger les prix de l'adjudication.

Aussi le projet de loi a-t-il divisé les biens vendus en deux classes distinctes, savoir : ceux qui ont été vendus depuis la loi du 12 prairial an III, et ceux qui l'ont été avant cette époque.

Il déclare que l'indemnité due pour les biens de la première classe, sera égale à dix-huit fois la valeur de leur revenu en 1790; et que pour les biens rangés dans la seconde, les anciens propriétaires recevront une indemnité égale au prix de l'adjudication, réduit en numéraire, d'après le tableau de dépréciation des assignats, dressé dans le département où était située la propriété vendue.

Le projet de loi proposé par le gouvernement à la chambre des députés, avait élevé à vingt fois la valeur du revenu de 1790 l'indemnité destinée aux propriétaires dépossédés, dont les biens ont été classés dans la première catégorie ; le projet actuel en la réduisant de deux vingtièmes, a doté de cette réduction le fonds commun créé par l'article 1er. Il ordonne que ce fonds sera employé, après la liquidation terminée, à rétablir entre les indemnisés des deux classes une sorte d'égalité proportionnelle, suivant le mode qui sera réglé par une loi.

L'ensemble de ces dispositions a excité de vives réclamations ; votre commission s'est convaincue qu'il était impossible d'y faire droit. Il résulte même des faits qu'elle a recueillis, qu'il n'est point constant que les indemnisés de la seconde classe soient, sans exception, plus maltraités que ceux de la première, ni que ceux de la première soient universellement plus favorisés que ceux de la seconde. Elle a pensé que le fonds commun, tel qu'il était constitué, offrirait d'abondantes ressources ; et qu'il suffirait pleinement, soit à rétablir l'équilibre entre les deux classes, soit à dédommager les indemnisés de l'une et de l'autre, qui prouveraient l'insuffisance de l'indemnité qu'ils auraient obtenue. Nous aurions désiré que le mode de répartition du fonds commun pût être dès ce moment déterminé par la loi ; mais nous nous sommes convaincus à regret que les élémens d'une pareille détermination manquaient absolument. (*Rapport de M. le comte Portalis.*)

Ces deux modes d'évaluation sont donc les meilleurs possibles.

Les biens des Français émigrés furent affectés à l'indemnité due à la nation, par le décret du 30 mars 1792, devenu loi de l'État par la sanction qu'y donna le roi, le 8 avril suivant. La vente de ces biens fut ordonnée par le décret du 3 juin 1793.

Le mode indiqué pour la vente des domaines nationaux, par le décret du 25 juin 1790, fut ordonné, sauf quelques modifications.

Les décrets des 10, 12, 15, 17 et 27 prairial an III, 28 ventôse et 6 floréal an IV, la loi du 16 brumaire an V, expliquée par l'instruction du ministre des finances, du 12 frimaire suivant, et enfin la loi du 27 vendémiaire an VII, modifièrent la plupart le mode de vente et le mode de paiement.

Dans chaque département, il y aura inévitablement des indemnisés des deux classes; les liquidations étant faites, il sera facile, en rapprochant les époques des ventes, les prix réels touchés par le gouvernement, la valeur approximative qu'avait chacune des propriétés vendues au moment de la vente, de connaître l'inégalité résultante des divers modes de paiement, et de la rectifier. Chaque ayant-droit, éveillé à cet égard par son intérêt, devra s'occuper de rassembler tous les élémens de comparaison, qu'il devra trouver dans les contrats d'acquisition, dans des partages et dans les anciens rôles.

ARTICLE 3.

« Lorsqu'en exécution de l'article 20 de la loi
» du 9 floréal an III, les ascendans d'émigrés au-
» ront acquis, au prix de l'estimation déclarée, les
» portions de leurs biens-fonds attribuées à l'État
» par le partage des présuccessions, le montant de
» l'indemnité sera égal à la valeur réelle des
» sommes qui auront été payées; en conséquence,
» l'échelle de dépréciation des départemens pour
» les assignats et les mandats, et le tableau du
» cours pour les autres effets reçus en paiement,
» seront appliqués à chacune des sommes versées
» à la date du versement.

» L'indemnité sera délivrée à l'ascendant, s'il
» existe; et, à son défaut, à celui ou à ceux de
» ses héritiers qui, par des arrangemens de famille,
» auront supporté la perte.

» Lorsque l'État aura reçu d'un aîné ou autre
» héritier institué le prix des légitimes que des
» légitimaires frappés de confiscation avaient
» droit de réclamer en biens-fonds, le montant
» réduit de la somme payée pour prix de cette
» portion légitimaire, sera restitué à ceux qui y
» avaient droit ou qui les représentent. »

Dans le projet de loi, l'article 3 était terminé par ces mots : *à la date du versement*. Les dispositions contenues aux deux derniers alinéas y ont été ajoutées par amendement.

Cet article est une exception à la disposition générale et absolue qui est l'esprit de la loi. Elle a dû être faite pour ceux qui sont rentrés en possession ; elle était juste et nécessaire.

La loi du 9 floréal an III prescrivait à tout ascendant dont un émigré se trouvait l'héritier présomptif, de faire dans un délai déterminé la déclaration de ses biens et de son passif. L'estimation et la liquidation opérées, on réglait le partage, et la part qu'aurait eue l'émigré était attribuée à l'État.

C'est ce qu'on appelait le partage de *présuccession.* L'article 20 de la loi autorisait l'ascendant à racheter, au prix de l'estimation, les portions de ses anciens biens réunies au domaine de l'État. Ces rachats ont dû être, et ont été en effet assez fréquens.

Dans ce cas particulier, il est évident que la propriété n'a pas changé de maître, que la confiscation n'a coûté au propriétaire et à sa famille d'autre sacrifice que le montant de l'estimation, payé pour le rachat de la portion confisquée, et que le remboursement de la valeur réelle de la somme payée est la seule indemnité qui doive être accordée.

Aussi nous proposons-nous de décider que, dans ce cas, l'indemnité sera égale au montant de l'estimation, et que, pour fixer la valeur réelle de la somme payée, l'échelle de dépréciation du département pour les assignats, et le tableau du cours pour les autres effets publics, seront appliqués à chacune des sommes versées à la date des versemens.

La même règle doit être suivie dans des situations pareilles. (*Exposé des Motifs.*)

L'article 3 de la loi ne nous a paru susceptible d'aucune objection. Nous avons pensé néanmoins qu'il était convenable de prévenir une difficulté dont la solution pourrait sans doute se trouver dans la combinaison des principes du droit commun et de l'équité naturelle; mais qu'il veut peut-être mieux résoudre dans la loi pour éviter des procès. Il est arrivé quelquefois, qu'à la mort de l'ascendant dont la succession avait été partagée de son vivant, les cohéritiers de l'émigré ont imputé à ce dernier, sur la part héréditaire, les valeurs que l'ascendant avait abandonnées à la république. Dans le plus grand nombre de successions, les cohéritiers ont consenti que cette confiscation fût considérée comme un malheur de famille, et les partages ont été faits sans imputation. Dans le premier cas, l'émigré seul aurait, sans doute, droit à l'indemnité; dans le second, elle devrait être attribuée à la succession entière.

L'analogie nous a conduit aussi à prévoir un cas de restitution omis involontairement, sans doute, dans le projet de loi.

Sous la législation antérieure au Code civil, les enfans du père de famille qui avait institué un héritier, étaient fondés à réclamer contre ce dernier, sous le nom de légitime, une portion des biens laissés par le père. Or, un assez grand nombre de légitimaires étant frappés de confiscation, le fisc a exercé leurs droits contre l'institué; et presque toujours ce dernier est parvenu à traiter de la légitime, et à en payer la valeur. Il s'agit maintenant de régler le sort des légitimaires, et d'examiner s'ils peuvent être admis à l'indemnité. Depuis que les lois nouvelles leur ont attribué un droit réel à la délivrance d'une partie d'immeubles, il s'ensuit évidemment que le traité intervenu entre l'institué et le fisc, représentant le légitimaire, a été une vente de la portion indivise de ce dernier dans des immeubles, et dès-lors qu'il est compris dans les termes du projet de loi. Tels sont les motifs d'une addition que nous avons cru devoir faire à l'art. 3. (*Rapport de M. Pardessus.*)

La loi du 17 frimaire an II ordonna le séquestre des biens des ascendans d'émigrés. Celle du 9 floréal an III en ordonna le partage dit de présuccession. Celle du 11 messidor, même année, en suspendit provisoirement l'exécution. Enfin la loi du 20 floréal an IV remit en vigueur celle du 9 floréal an III, mais laissa aux ascendans la faculté ou de rester sous le séquestre ou de partager.

Dans les difficultés qui s'élevèrent aux décès de

beaucoup de ces ascendans, entre leurs héritiers restés en France et ceux qui avaient émigré, mais étaient rentrés, la jurisprudence établit comme principe que les ascendans, en usant de la faculté qui leur était accordée par la loi du 9 floréal an III, soit en abandonnant à l'État une partie de leurs biens, soit en payant le montant de l'estimation de cette partie, pour avoir la libre disposition du surplus en cas de partage, et du tout en cas de versement du prix estimé, et échapper à la rigueur des lois antérieures, firent avec la république un véritable marché à forfait, dont les suites pouvaient devenir avantageuses ou préjudiciables à leurs héritiers, selon les événemens subséquens et fortuits; mais que ces partages de présuccession ne les dépouillaient pas de la jouissance et propriété des portions qu'ils étaient autorisés à retenir, s'il y avait partage de tous leurs biens-fonds, s'il y avait paiement du prix de la portion dite de présuccession; qu'ils n'étaient point des partages réels faits entre leurs héritiers républicoles et la république, comme étant aux droits de ceux prévenus d'émigration; d'où il suivait que ces derniers rayés définitivement, ou éliminés de la liste des émigrés, n'étaient pas privés par lesdits partages du droit de succéder à leurs père et mère ou autres ascendans; cependant c'était à la charge de rapporter le lot échu à la république. La valeur de ce lot était estimée à dire d'experts convenus ou nommés d'office; s'il y avait eu partage réel, si le prix de l'estimation avait été payé, les valeurs versées au trésor public étaient réduites.

C'est donc à l'émigré qui a été cause du partage, et à son défaut à ses héritiers, à recevoir l'indemnité, l'ascendant n'existant plus.

Cependant, si l'émigré a trouvé dans ses co-héritiers des frères qui n'ont voulu voir qu'un malheur commun à la famille, et l'ont partagé, l'indemnité appartient à tous pour la part dont chacun a contribué dans ce malheur commun.

C'est par les mêmes motifs de justice et d'équité, que les dernières dispositions de l'article attribuent au légitimaire le montant réduit de la somme payée pour prix de sa portion légitimaire.

Ici surgit la question de savoir si là se borneront tous les droits du légitimaire dans les biens de ses père et mère.

Il faut distinguer. On connaissait plusieurs sortes de légitimes. Les unes étaient établies par les lois romaines, les autres par certaines coutumes.

Dans le pays dit de droit écrit, et certains pays coutumiers, tels que l'Auvergne, il y avait la légitime établie par la loi, et la légitime établie par l'institution contractuelle. Si par l'institution, l'instituant avait fait une réserve et n'en avait pas disposé, la réserve lui appartenait, aux termes de l'article 2 de la loi du 18 pluviôse an V, ainsi conçu : « Les réserves faites par les donateurs ou auteurs » des institutions contractuelles, qui n'en auront » pas valablement disposé, feront partie de leur

» succession, *ab intestat*, et seront partagées également entre tous les héritiers, autres que les donataires ou institués, sans imputation sur les légitimes ou portions de légitimes, dont les héritiers institués ou donataires auront été privés. »

Si donc dans le prix évalué de la légitime, versé par l'institué, la part du légitimaire dans la réserve n'a pas été comprise, le légitimaire a le droit de la demander à l'institué. Aucune prescription sérieuse ne peut lui être opposée, parce qu'il s'agit de partage de biens dépendant de la succession des père et mère.

Quant à la légitime ordinaire, si elle n'a pas été fixée à la quotité déterminée par les lois, le légitimaire a le droit d'en demander le supplément. Il a droit encore à un supplément, si par l'évaluation du prix versé, soit par l'institué, soit par l'aîné, relativement à certaines coutumes, et notamment l'usage local du pays de Caux, ce prix versé en assignats réduits d'après l'échelle de dépréciation, ou autres valeurs au cours, ne donne pas le véritable montant de la quotité légale de la légitime, parce qu'il n'est pas juste qu'un frère s'enrichisse au détriment de son frère. Ceci s'applique aux légitimes coutumières et féodales, pour lesquelles il faut recourir aux statuts coutumiers, et autres lois sur le partage des terres dites nobles.

La loi est aussi applicable aux filles normandes qui ne recevaient également qu'une légitime, et qui reçurent, comme les autres légitimaires, des lois nouvelles, le droit de se la faire délivrer en biens-fonds.

Les droits des légitimaires, s'ils sont décédés, ont passé à leurs héritiers.

ARTICLE 4.

« Lorsque les anciens propriétaires seront ren-
» trés en possession des biens confisqués sur leur
» tête, après les avoir acquis de l'État directe-
» ment ou par personnes interposées, l'indemnité
» sera fixée sur la valeur réelle payée à l'État, con-
» formément aux règles établies par l'article 3.

» Lorsque par les mêmes moyens ils les auront
» rachetés à des tiers, l'indemnité sera égale aux
» valeurs réelles qu'ils justifieront avoir payées,
» sans que, dans aucun cas, elle puisse excéder
» celle qui est déterminée par l'article 2; à dé-
» faut de justification, ils recevront une somme
» égale aux valeurs réelles formant le prix payé
» à l'État.

» Dans les deux cas ci-dessus, les ascendans,
» descendans ou femme de l'ancien propriétaire
» seront réputés personnes interposées.

» Lorsque les héritiers de l'ancien propriétaire
» seront rentrés directement dans la possession
» des biens confisqués sur lui, l'indemnité à la-
» quelle ils auraient droit sera fixée de la même
» manière. »

Les dispositions de l'article 4 sont, comme celles

de l'article précédent, spéciales et exceptionnelles.

Il n'est pas tout-à-fait tel qu'il avait été présenté; mais les modifications qu'il a subies dans la chambre élective, n'en ont point changé l'esprit; elles ont au contraire tendu à bien déterminer les cas de son application, notamment par la déclaration des personnes que la loi répute interposées, prise dans le droit commun, et telle qu'elle est en l'article 911 du Code civil. Le paragraphe 1er. de l'article est resté tel qu'il avait été présenté dans le projet, en y ajoutant seulement par amendement ces mots: *Après les avoir acquis de l'État directement ou par personnes interposées.*

Cet amendement a jeté plus de clarté dans la rédaction.

« Il est arrivé souvent, est-il dit dans l'*Exposé des Motifs,* que les parens et les amis de l'émigré ont acheté des biens confisqués pour lui ou pour sa famille, et que la propriété est ainsi revenue directement à ses anciens possesseurs.

» Ce cas particulier est nécessairement compris dans l'exception que nous venons de rappeler. Lorsque l'ancien propriétaire ou ceux qui le représentent auront acquis de l'État les biens confisqués sur la tête du premier, l'indemnité sera composée d'un capital égal à la valeur réelle des sommes qui auront été payées à l'État.

» Enfin l'émigré ou ses héritiers ont quelquefois

racheté leurs anciennes propriétés de ceux qui les avaient acquises.

» Dans ce cas, l'indemnité doit être égale à la valeur réelle qu'ils justifieront avoir payée pour le rachat; mais elle ne pourra jamais excéder celle qui est déterminée par les dispositions générales de la loi.

» Si la justification n'est pas faite, le prix du rachat sera présumé avoir été le remboursement des valeurs réelles versées par l'acquéreur originaire dans les caisses de l'État, et l'indemnité sera réglée sur cette base.

» Une autre espèce d'aliénation de biens confisqués, a dit la commission de la chambre élective, par son rapporteur, exigeait aussi qu'on fixât des bases spéciales. Elle fait l'objet de l'article 4 du projet.

» Les spéculateurs, les habitans des campagnes, les administrateurs eux-mêmes répugnèrent plus d'une fois à empêcher par des enchères, qu'un membre de la famille se présentant pour acquérir, rentrât dans ses propriétés; on lui facilitait même les moyens d'acquérir à un prix bien inférieur à la valeur véritable. Serait-il juste, serait-il convenable que cette classe de propriétaires déjà réintégrés, demandassent le paiement sur les mêmes bases que les autres moins heureux? Votre commission n'a pas cru pouvoir se dispenser de vous soumettre cette question délicate; elle pense qu'il convient d'assimiler à l'acquisition directe, l'acquisition par personnes interposées qui a eu lieu bien plus fréquemment que l'acquisition directe. »

Il est à remarquer que les justifications ordonnées par les dispositions contenues au deuxième paragraphe de l'article, doivent reposer sur des actes authentiques, ou au moins sur des actes ayant date certaine par leur enregistrement, s'ils sont sous seing-privé. Nous pensons que ces derniers actes peuvent être utilement produits, parce qu'ils sont autorisés par l'article 1692 du Code civil, qui semble l'avoir pris dans l'article 527 de la coutume de Normandie.

Article 5.

« Les rentes trois pour cent affectées à l'indemnité seront inscrites au grand-livre de la dette publique, et délivrées à chacun des anciens propriétaires, ou à ses représentans, par cinquième, et d'année en année, le premier cinquième devant être inscrit le 22 juin 1825.

» L'inscription de chaque cinquième portera jouissance des intérêts du jour où elle aura dû être faite, à quelque époque que la liquidation ait été terminée et la délivrance opérée.

» Néanmoins, les liquidations donnant droit à des inscriptions inférieures à deux cents francs de rente ne seront pas soumises aux délais prescrits ci-dessus. L'inscription en aura lieu en totalité et avec jouissance du 22 juin 1825. »

L'art. 1er. décrète le principe de l'indemnité, en fixe la quotité, y affecte les fonds pris sur le crédit public, spécialise ces fonds.

L'art. 2 pose les bases du travail à faire pour connaître de ce qui doit être alloué à chacun des ayant-droit, d'après la valeur des biens confisqués, c'est-à-dire d'après le prix versé réellement au trésor public.

Il crée un fonds de réserve pour réparer les inégalités impossibles à éviter dans une aussi immense liquidation.

Les art. 3 et 4 disposent, sur des exceptions tirées des transactions entre l'État et les ascendans, en exécution de la loi du 20 floréal an III, des acquisitions directes ou indirectes faites par les anciens propriétaires de l'Etat, et enfin des contrats faits avec les nouveaux propriétaires.

L'article 5 déclare comment l'indemnité sera payée et à quelles époques. Il est purement d'ordre, pour le service du trésor royal et la plus grande facilité du travail du ministre dans la création, la distribution des valeurs données à titre d'indemnité, et le paiement des intérêts, qui commencent à courir du 22 juin 1825.

Article 6.

« Pour l'exécution des dispositions ci-dessus, il » est ouvert au ministre des finances un crédit de

» trente millions de rentes trois pour cent qui se-
» ront inscrits; savoir :

» Six millions le 22 juin 1825;
» Six millions le 22 juin 1826;
» Six millions le 22 juin 1827;
» Six millions le 22 juin 1828;
» Six millions le 22 juin 1829;

» avec jouissance, pour les rentes inscrites, du
» jour où leur inscription est autorisée. »

Cet article n'est qu'un corollaire de l'article précédent et du premier.

Cependant, s'il est un réglement d'ordre quant aux opérations du ministre, il est aussi une décision législative quant à l'intérêt à produire par la valeur donnée à titre d'indemnité.

Cet intérêt ne court pas, pour l'indemnisé, à compter du jour de la loi qui la reconnaît dette de l'État, comme le veut le droit commun. Ici on est rentré dans le droit public, et la loi, dans cet article, est redevenue toute politique.

L'intérêt de l'Etat, qui commande les intérêts privés, a voulu que le paiement ne fût effectué qu'en cinq années, et par cinquième, et n'a fait produire des fruits aux valeurs délivrées en paiement qu'au fur et à mesure de leur délivrance.

TITRE II.

Article 7.

« Seront admis à réclamer l'indemnité l'ancien
» propriétaire, et, à son défaut, les Français qui
» étaient appelés, par la loi ou par sa volonté, à
» le représenter à l'époque de son décès, sans
» qu'on puisse leur opposer aucune incapacité ré-
» sultante des lois révolutionnaires.

» Leurs renonciations ne pourront leur être op-
» posées que par les héritiers qui, à leur défaut,
» auraient accepté la succession.

» Il ne sera dû aucun droit de succession pour
» les indemnités réclamées dans les cas du présent
» article et par l'art. 3. »

Cet article est tout-à-fait différent de celui proposé; il est d'une autre nature, et produit d'autres conséquences. Nous en établirons l'esprit par le rapprochement de l'*Exposé des Motifs* et des Rapports faits au nom des commissions des deux chambres.

Le gouvernement, dans la rédaction de cet article, le faisant participer du droit politique, attribuait le droit de succéder aux anciens propriétaires décédés, à ceux que la loi actuelle déclare leurs héritiers aujourd'hui. Voici les motifs du gouvernement :

« Après avoir déterminé l'indemnité, le projet de loi qui nous occupe a dû indiquer ceux qui sont appelés à la recueillir, et tracer les règles à suivre pour la liquidation.

» Les premiers, dont il reconnaît les droits, sont :

» Les anciens propriétaires, et sur ce point il ne saurait y avoir de difficulté.

» A leur défaut, il admet les héritiers en ligne directe ou collatérale, suivant l'ordre de successibilité, qui seraient appelés à représenter l'émigré à l'époque de la promulgation de la loi.

» Le principe de la loi actuelle, l'esprit dans lequel elle est conçue, ne laissent aucun doute sur la nature de l'indemnité allouée. Elle est la représentation de l'immeuble confisqué ; elle est le remboursement d'une valeur injustement perçue ; sa cause se rattache donc à la propriété, et le droit qu'elle consacre aujourd'hui a sa source dans la confiscation consommée depuis trente années.

» L'indemnité semblerait dès-lors pouvoir être considérée comme ayant toujours fait partie des biens ou des actions possédés par l'ancien propriétaire, et de-là on pourrait conclure, d'une part, qu'elle aurait pu être comprise dans une disposition testamentaire ; de l'autre, que son application devrait être faite à ceux des héritiers qui auraient été appelés par les lois existantes à l'époque où la succession s'est ouverte.

» Les plus puissantes considérations nous ont paru s'élever contre l'admission de cette conséquence.

» Le droit reconnu et consacré par la loi actuelle n'a formé long-temps qu'une espérance légitime, qu'une expectative juste et naturelle, mais qui, aux yeux de la loi civile existante, n'était pas de nature à être comprise dans les dispositions de l'homme, et ne peut être présumée y avoir été comprise.

» D'un autre côté, en faisant remonter l'application de la loi actuelle à l'ouverture des successions respectives des anciens propriétaires, nous manquerions le but que nous devons chercher à atteindre.

» C'est en faveur des enfans, et, à leur défaut, des parens les plus proches; c'est en faveur de ceux qui représentent le plus près l'homme dépossédé, que les remises de confiscations ont toujours été prononcées à quelque titre qu'elles fussent faites, soit de don, soit de restitution, soit de désistement.

» C'est aussi aux familles dépouillées, aux familles que la révolution a frappées, que vous destinerez l'indemnité que le projet de loi prépare.

» Si vous faites rétroagir son application, vous trouvez dans un intervalle de trente années trois législations différentes, sous l'empire desquelles la succession devra être divisée, et ensuite subdivisée toutes les fois qu'elle aura été ouverte à plus d'un degré.

» Ainsi, vous n'appelleriez pas les parens les plus proches, ceux qui forment réellement la famille, ceux à qui vous destinez le dédommagement, mais les représentans des héritiers, lesquels seraient souvent aujourd'hui étrangers à l'ancien propriétaire.

» Ce n'est point ainsi qu'a été comprise et exécutée la loi du 5 décembre 1814; son art. 2 portait que les biens non vendus seraient rendus en nature à ceux qui en étaient propriétaires ou à leurs héritiers ou ayant-cause. La loi ne contenait aucune autre indication.

» Des difficultés se sont élevées entre les héritiers et les légataires, et la jurisprudence de la Cour de cassation s'est prononcée en faveur des premiers.

» Mais l'application a été constamment faite par la commission instituée pour l'exécution de la loi aux héritiers actuels, à ceux qui représentaient l'ancien propriétaire à l'époque du 5 décembre 1814, et aucune réclamation ne s'est élevée à ce sujet.

» Ce qui a été fait pour les remises de biens en nature, nous a paru devoir être fait encore pour l'indemnité représentative des biens vendus, non à cause des principes qui ont pu déterminer cette exécution; mais à cause de l'exécution elle-même; il ne nous a pas semblé possible d'admettre, que le partage des biens provenant du même individu, pût être réglé par deux lois opposées, et opéré entre des héritiers différens.

» Tels sont, en substance, les motifs qui ont déterminé la disposition que contient le projet de loi, disposition importante dont l'examen appellera votre attention tout entière. »

Cette importance n'entraîna point la commission à suivre la direction donnée par celui qui avait eu la première pensée de la loi. Elle eut une pensée et ouvrit une direction toute contraire qui ont prévalu.

Cette commission, par son rapporteur, a établi ainsi son système :

« L'article 7 du projet a été présenté, dans l'*Exposé des Motifs*, comme une dérogation au droit commun, justifiée par d'importantes considérations.

» Votre commission croit qu'il n'y a pas de raison suffisante pour s'écarter des principes; qu'il y aurait même de grands inconvéniens pour mettre plus de clarté dans la discussion; elle doit vous faire remarquer que le projet de l'article 7 présente un double résultat : il attribue l'indemnité aux héritiers du jour de la loi, à l'exclusion des héritiers du jour de la mort. Il exclut les donataires ou légataires universels du droit de la réclamer.

» La restitution de grâce suppose un crime,

une peine justement prononcée, un pardon; c'est une libéralité du prince; elle ne peut profiter qu'à ceux qui en sont l'objet actuel.

» La restitution de justice est une proclamation d'innocence. Si un tribunal légitimement constitué a prononcé la condamnation, la restitution de justice déclare qu'une erreur fatale a fasciné les juges. Si c'est la tyrannie qui a proscrit, la restitution de justice n'est que la conséquence du principe, qu'un acte de tyrannie est réputé non avenu quand l'autorité légitime est rétablie. Le proscrit doit reprendre ses biens confisqués, ou en recevoir le prix quand il n'est pas possible de les rendre en nature; et le droit de le représenter appartient à ceux qui étaient ses héritiers à l'instant de sa mort naturelle. Ce que la raison et la justice enseignent, les lois de la révolution l'ont reconnu elles-mêmes.

» Si vous croyez qu'on a justement confisqué les biens des proscrits, les rendre, c'est faire grâce, c'est faire don à eux, à leurs héritiers; et nous oserions dire que vous n'avez le droit de faire ni l'un ni l'autre.

» Si vous croyez que les confiscations furent un abus de la force et de la tyrannie; qu'en 1814 on devait rendre à titre de justice ce qui n'était pas vendu; qu'en 1814 une sage politique s'accorda avec la justice, pour indemniser ceux dont l'État a transmis les biens à des tiers, vous ne pouvez, sans violer les principes, refuser de reconnaître le droit des héritiers au moment de la mort naturelle.

» Essaiera-t-on de repousser le reproche de rétroactivité, en soutenant que le droit à l'indemnité n'existait pas où le propriétaire frappé de confiscation est mort? C'est ce que paraît insinuer l'*Exposé des Motifs*.

» Il faut bien s'entendre. Si par ces mots: *Loi civile existante*, on désigne la loi qui confisquait les biens, qui déniait toute espèce de restitution; nous l'avouons aux yeux de cette loi, l'espérance de l'indemnité n'était pas même *légitime*; et l'on a le droit d'en conclure qu'elle n'a pas été transmise par la volonté de l'homme, pas même par celle de la loi des successions. Mais si nous ne pouvons admettre ces principes sans contradiction avec les nôtres, sans nier le véritable caractère de la restauration, sans fournir des argumens à ceux qui ont quelquefois essayé de la faire envisager comme une simple convenance, et non comme un droit; s'il est vrai que des droits pour être enlevés ou paralysés par la force, n'en étaient pas moins des droits, il faut reconnaître que l'indemnité était due à ceux dont les biens ont été confisqués, à l'instant où l'État s'en est emparé.

» Mais ne faut-il pas du moins exclure de la faculté de réclamer l'indemnité, les donataires et légataires universels?

» Après avoir repoussé le projet d'exclure les héritiers institués, comme devant avoir peu de résultats dans son application, il n'a pas été difficile de faire valoir les principes qui, hors les cas où la loi attribue des réserves à quelques héritiers du sang, veulent qu'on ne distingue point entre ces derniers et les héritiers institués ; et alors les considérations qui ne permettent pas d'établir un ordre de succession nouveau, conservaient toute leur force, parce qu'elles dérivaient de la même source.

» Votre commission s'est donc décidée à vous proposer une rédaction qui laisserait tout ce qui concerne les successions des personnes frappées de confiscation sous l'empire du droit commun.

» Mais elle a dû prévoir quelques dificultés; il peut se faire que des personnes soient mortes à une époque où les lois de la révolution les frappaient de mort civile, et que même leurs héritiers se trouvassent atteints par la même mesure.

» Comme une triste expérience nous apprend qu'il n'est pas de contestations injustes et scandaleuses qu'on n'essaie aujourd'hui, nous avons cru devoir proposer une rédaction qui n'y laissera aucun prétexte.

» Nous avons pensé aussi que l'État, qui acquitte au bout de trente ans, et sans restitution de fruits, la dette des indemnités, n'avait pas l'intention de percevoir des droits de succession sur le capital dont il se reconnaît débiteur. Il ne faut pas toutefois que le silence de la loi laisse aux receveurs de l'enregistrement un prétexte pour faire des poursuites, que la régie ne tarderait pas, sans doute, à désavouer ; et dans cette intention, nous vous proposerons une disposition additionnelle à l'article 7. »

Examinant les conséquences du droit qui sont déduites de l'article premier, M. le comte Portalis a dit au nom de la commission de la chambre des pairs :

« Elles sont peu nombreuses, mais elles sont d'une grande importance.

» Les articles 7 et 23 du projet les renferment.

» Voici comme on paraît avoir raisonné en rédigeant ces articles :

» La loi reconnaît qu'il est dû une indemnité aux Français dont les biens-fonds ont été confisqués et aliénés en exécution des lois révolutionnaires.

» Cette indemnité leur est due à cause de l'expropriation qu'ils ont soufferte.

» Leur droit à cette indemnité remonte donc au jour de leur dépossession ; car ils n'ont pu être privés de leur droit de propriété sans être saisis, au même instant, du droit à l'indemnité qui représente cette propriété.

» Dès-lors tous les Français qui étaient appelés par la loi, ou par la volonté de l'ancien propriétaire, à le représenter à l'époque de son décès, doivent être admis à recueillir l'indemnité.

» Comme elle a pour objet de réparer les injustices résultant des lois révolutionnaires, on ne pourra opposer aux réclamans aucune incapacité personnelle résultant de ces mêmes lois.

» Enfin l'objet de la mesure proposée étant de compléter autant qu'il se peut la réhabilitation politique et civile des anciens propriétaires, leurs successions seront réglées par les lois existantes à l'époque de leur décès, comme s'ils avaient à cette époque joui de la plénitude de leurs droits civils.

» Il est certain que l'indemnité, en vertu du principe qui l'a fait admettre, serait acquise aux étrangers possessionnés en France, et expropriés révolutionnairement.

» On a rendu hommage à cette vérité, en exécutant la loi du 5 décembre 1814, puisque les biens confisqués et non vendus ont été remis en nature à leurs anciens propriétaires, lors même qu'ils étaient étrangers; mais le droit à l'indemnité ne constitue qu'une créance, et les étrangers ne peuvent la réclamer, parce que la France a réglé tout ce qui concerne les droits des créanciers étrangers par des traités avec leurs gouvernemens.

» Toutefois la loi civile déclare étrangères les Françaises qui épousent des étrangers. Cette disposition juste, en elle-même, deviendrait inhumaine si on l'appliquait aux veuves d'émigrés, de déportés ou de condamnés révolutionnairement, qui auraient contracté mariage avec des étrangers depuis l'émigration, la déportation ou la condamnation de leur époux ou de leur père, et avant la restauration. Ce n'est pas librement qu'elles ont quitté la patrie pour la terre de l'exil; il serait cruel de les punir de leur infortune et de les déshériter de leurs aïeux ou de leurs époux; elles étaient toujours Françaises par le cœur. Pour cette fois, la loi ne les réputera pas étrangères, et les admettra à recueillir l'indemnité qu'elles auraient eu droit de réclamer sans leur mariage et leur expatriation.

» Dans ce système, après que le droit politique a prononcé sur la justice, la convenance et la quotité de l'indemnité, tout ce qui concerne les droits du Français admis à la réclamer, reste sous l'empire du droit civil.

» C'était dans un sens tout différent qu'était redigé le projet de loi présenté par le gouvernement du Roi à la chambre des députés.

» A défaut de l'ancien propriétaire, on y admettait à réclamer l'indemnité, les héritiers en ligne directe ou collatérale, au degré successible, qui seraient appelés à le représenter à l'époque de la promulgation de la loi.

» Suivant ce projet, rien de ce qui concerne l'indemnité ne cessait d'être placé sous la tutelle du droit politique. La loi ne pourvoyait pas seulement à la réparation des droits de la propriété violée, elle reconstituait la dotation des familles; elle remontait vers ce grand principe d'utilité publique qui domine toute la matière, et elle abandonnait à la loi vivante et actuelle le soin de régler toutes les successions des anciens propriétaires. Enfin elle déclarait héritiers de l'indemnisé les héritiers du sang, tous plus ou moins atteints par la proscription de leur auteur.

» Il faut l'avouer, cette manière d'envisager les choses aurait paru préférable à votre commission. Elle avait l'avantage de tout simplifier; elle était conforme à tout ce qui s'était passé jusqu'ici; elle n'introduisait pas dans la loi deux principes différens qui, s'ils peuvent co-exister sans se détruire, en rendaient l'intelligence difficile. On évitait ainsi des erreurs fréquentes de la part de ceux qui en réclameront l'application, des discussions dangereuses, des prétentions mal fondé[illegible] être des jurisprudences opposées et con[illegible]es.

» Ce n'est pas tout. Aux termes de [illegible]ticle 7, les successions des anciens propriétaires peuvent être régies par trois législations différentes, sans compter la législation actuelle; car il fait subitement revivre et le droit romain, et les anciennes coutumes, et les lois du 12 brumaire et 17 nivôse de l'an II, et celle de l'an VI qui les a mitigées. Ainsi pourront successivement renaître devant nos tribunaux une foule de questions sur les institutions d'héritiers, les querelles d'inofficiosité, les portions légitimaires, le droit d'aînesse, le tiers coutumier, et tant d'autres inséparables de l'application des coutumes et du droit écrit. Ainsi, au grand détriment de la propriété, en faveur de laquelle cependant la loi est portée, se présenteront pour recueillir l'indemnité des successibles de tous les degrés, quand la succession se sera ouverte sous l'empire de la législation de l'an II, qui admettait la représentation à l'infini.

» Ainsi, au grand préjudice de la morale publique, se présenteront, comme héritiers de leurs pères, de leurs mères, et même de tous les membres de deux familles dont ils viendront révéler publiquement la turpitude, des enfans naturels, et peut-être même des bâtards adultérins. Ainsi à la faveur d'une loi de réparation et de politique, de nouveaux scandales viendront affliger la société, diviser et humilier les familles.

» Il faut de bien grands avantages pour compenser de si grands inconvéniens.

» Indiquons ceux que présentent les dispositions de l'art. 7.

» Elles décident franchement la grande question du droit et du fait; elles établissent que le fait n'a pu préjudicier au droit; que le temps ne saurait légitimer l'œuvre de la violence; que nulle puissance au monde ne peut consolider l'aliénation d'une propriété, faite sans le consentement du propriétaire, ou sans qu'il ait été justement indemnisé; que ses droits réclament sans cesse, qu'ils sont immortels comme la justice; qu'ils se transmettent, qu'aucune loi civile ne peut les réduire à la condition d'une simple espérance ou d'une pure expectative, qui ne serait pas de nature à être comprise dans les dispositions de l'homme; que les lois, ou plutôt les actes politiques intervenus pour consommer et garantir l'expropriation, ont bien pu suspendre ou paralyser l'exercice de ces droits, mais ne pouvaient en altérer la nature; enfin, qu'aujourd'hui, et lorsque la restauration a fait disparaître cette législature révolutionnaire, on ne saurait assujettir à son empire des droits qu'elle méconnaissait et qui s'élevaient contre l'iniquité de ses dispositions, comme une protestation toujours renouvelée et toujours subsistante.

» En résultat, l'article proposé dégage le droit des anciens propriétaires de tout ce qui pouvait en rendre l'existence douteuse; il les replace dans la position où ils se seraient trouvés, s'ils n'avaient été ni expropriés, ni émigrés, ni condamnés.

» Votre commission a pensé qu'on aurait pu balancer entre l'article originairement proposé par le gouvernement et l'article actuel; mais que cet article n'était, en l'état, susceptible d'aucune modification, et qu'on ne saurait, sans les plus graves inconvéniens, chercher à les allier l'un à l'autre.

» Une discussion s'est élevée à ce sujet dans le sein de la commission. On proposait de restreindre la disposition qui admet les héritiers testamentaires de l'ancien propriétaire à réclamer l'indemnité à son défaut; on demandait qu'ils ne pussent se présenter qu'en vertu d'un testament qui aurait expressément statué sur le droit à l'indemnité, ou qui aurait contenu quelqu'autre clause de même nature.

» On s'appuyait sur l'intérêt que doivent inspirer les héritiers naturels et du sang; sur l'intention de la loi, qui est de réparer les pertes souffertes par les familles ; sur la volonté du testateur, qui n'avait entendu disposer que de ses biens et de ses droits actuels, et qui n'avait eu nullement en vue une indemnité qu'il n'espérait pas, ni un droit à cette indemnité éventuelle dont il ignorait l'existence.

» Il a été facile de se convaincre qu'il y avait contradiction absolue entre l'amendement proposé et la disposition principale de l'article, et que les argumens par lesquels on le soutenait étaient incompatibles avec les principes universels du droit en matière de testament.

» En effet, aux termes de l'article, le droit à l'indemnité remonte à l'époque même de l'expropriation ; il fait, dès cet instant, partie des droits du propriétaire dépossédé ; il est dans sa succession ; ses héritiers le recueillent s'il meurt sans testament.

» Établir dans l'amendement qu'il n'en a pas disposé lorsqu'il a disposé de tous ses biens, droits et actions, n'est-ce pas dire précisément le contraire ? Nous avons vu d'ailleurs que le projet de loi a entendu repousser le système suivant lequel le droit à l'indemnité pouvait n'être considéré que comme une espérance légitime ou une expectative juste et naturelle.

» Aux termes du droit civil, l'héritier ou les légataires universels sont saisis de l'universalité des droits et actions de celui auquel ils succèdent ;

ils recueillent tout ce dont la loi ne dispose pas, ou tout ce dont le testateur n'a pas disposé lui-même. Établir dans l'amendement que ces légataires ou héritiers ne seraient saisis du droit à l'indemnité qu'autant qu'il leur aurait été spécialement attribué par le législateur, c'est renverser toutes les idées et blesser tous les principes.

» Il n'est d'ailleurs nullement nécessaire, pour qu'un héritier ou un légataire universel soit saisi d'un objet auquel le testateur aurait eu droit, que ce testateur ait su que cet objet lui appartenait; il suffit que ce droit existât et fût ouvert au jour de sa mort. C'est ainsi qu'un homme qui meurt à Paris après avoir institué un légataire universel, transmet à ce légataire universel une succession qui s'est ouverte dans l'Inde avant son décès, sans qu'il en ait rien su, et à laquelle il était appelé, ou par la loi, ou par la volonté du défunt. On ne s'est jamais avisé de prétendre qu'une telle succession dût revenir aux héritiers du sang, au préjudice de l'héritier institué.

» Ces motifs ont décidé votre commission à ne vous proposer aucun amendement sur cet article. »

Par ce qu'on vient de lire, on connaît toute la pensée du législateur; l'article 7 n'a plus d'obscurité.

La volonté de la chambre élective a été d'enlever à l'émigration toute idée de criminalité, de consacrer par la loi ce principe, que les droits frappés par les lois révolutionnaires n'avaient reçu aucun préjudice du fait, et que le temps ne saurait légitimer l'œuvre de la violence. Elle ne s'est pas aperçue qu'en donnant à ce principe, si fécond en conséquences de la plus grande gravité, une force d'action nouvelle, elle a frappé du même coup ces lois et ces institutions féodales et aristocratiques qui, dans les temps anciens et dans toute l'Europe, ne durent leur existence qu'à la violence et à l'usurpation; elle ne s'est pas aperçue qu'en frappant de néant certaines lois de la révolution, elle maintenait d'autres lois de la même époque, et sacrifiait à ce principe démocratique, l'âme de toutes les lois d'alors relatives à l'état des familles et à la transmission des biens, principe qui tendait à établir la plus grande égalité politique possible, par la plus grande division possible des biens (*).

L'émigration commença dans la nuit du 15 au 16 juillet 1789; il est à présumer qu'il y a eu chaque année des décès parmi les émigrés : ainsi des successions dès-lors se sont ouvertes, des droits ont été acquis.

Jusqu'à la loi du 15 mars 1790 il faudra suivre,

(*) L'arrêt de la cour de cassation du 4 juillet, présente année, n'est point en opposition avec la législation introduite par la loi de l'indemnité. Cette loi ne dispose que sur les indemnités, ne règle que ce qui les concerne. La loi du 5 décembre 1814 dispose, quant aux biens à rendre; elle n'a point été abrogée; tous les droits acquis en vertu de ses dispositions, le sont irrévocablement.

dans le partage de ces successions, soit le droit romain, soit les statuts coutumiers, selon les provinces où les biens étaient situés.

L'article 11 de la loi du 15 mars 1790 déclara abolis les droits d'aînesse, de masculinité, à l'égard des fiefs, domaines et alleux nobles, et les partages inégaux, à raison de la qualité des personnes; ordonna que toutes successions tant directes que collatérales, qui écherraient par la suite, seraient, sans égard à l'ancienne qualité noble des biens et des personnes, partagées suivant les lois, statuts et coutumes qui réglaient les partages entre tous les citoyens.

Il excepta de la disposition ceux actuellement mariés, ou veufs avec enfans, auxquels il réserva tous les avantages que leur attribuaient les anciennes lois, d'après la présomption que ces avantages avaient été une cause déterminante des mariages.

Le droit résultant de l'exception était transmissible et recueilli par l'aîné, qui venait à la représentation de son père, si cet aîné avait été lui-même marié avant la promulgation de la loi du 15 mars 1790; il y a sur cela arrêt de la cour de cassation du 26 floréal an II.

Les droits résultant de cette exception subsistèrent jusqu'au 4 janvier 1793, qu'ils furent abolis par un décret de la Convention, avec ceux compris ès articles 5, 6, 7, 8 et 9 de la loi du 8 avril 1791.

Jusqu'au 24 août 1792 inclusivement, l'ordonnance de 1747 sur les substitutions fut en vigueur, quant à la faculté de substituer. Elle fut tout-à-fait abrogée par les décrets des 25 octobre et 14 novembre même année. Les substitutions non ouvertes alors demeurèrent abolies et sans effet; celles ouvertes ne durent avoir d'effet qu'en faveur de ceux qui avaient recueilli les biens substitués, ou le droit de les réclamer avant la promulgation du décret.

Si donc, jusqu'à l'émission de ces deux lois, il s'est trouvé dans les successions ouvertes avant l'émission de la dernière, des biens substitués, l'indemnité représentant le prix de ces biens vendus appartient au substitué ou à ses héritiers, qui, conformément au principe de l'article 7, ont trouvé ce droit dans sa succession, et en ont été saisis à l'instant même du décès, comme il en avait été saisi lui-même.

Les successions ouvertes depuis le 8 avril 1791 jusqu'à la promulgation de celle du 17 nivôse an II, sont régies par la loi du 8 avril 1791, qui, en matière de partage, fit cesser toute inégalité résultant, entre héritiers *ab intestat*, des qualités d'aînés ou de puînés, de la distinction des sexes ou des exclusions coutumières, et à cet égard abrogea les dispositions des coutumes et statuts qui excluaient les filles ou leurs descendans, du droit de succéder avec les mâles ou les descendans des mâles; établissant dans son article 2 la représentation à l'infini en ligne directe descendante, dans toutes les coutumes : savoir, dans celles qui la rejetaient indéfiniment, à compter du jour de la publication de la loi, et dans celles qui la rejetaient seulement pour les personnes et les biens nobles, à compter de la publication du décret du 15 mars 1790.

Nous devons faire remarquer que le décret du 4 juin 1793 déclare que les enfans nés hors le mariage succéderont à leurs père et mère, dans la forme qui sera déterminée; que cette forme fut déterminée par la loi du 12 brumaire an II, qui les admit avec les enfans nés du mariage, leur conféra les mêmes droits, les mit dans la famille par la disposition du 2e. paragraphe de son article 9, et établit la successibilité réciproque entr'eux et leurs parens collatéraux, à défaut d'héritiers directs.

Par son article 14 la loi alla plus loin; elle conféra tous les droits de successibilité aux enfans nés d'un père ou d'une mère séparés de corps par jugement ou acte authentique, pourvu que la naissance fût postérieure à la séparation.

Ainsi ceux de ces enfans naturels et même adultérins qui existaient à l'époque de l'ouverture des successions de leur père ou mère, sous l'empire de ces lois, ont droit à l'indemnité pour leur part afférente dans ces successions; pour le tout même, si le décédé n'a laissé qu'un enfant ou que des enfans naturels.

L'article 13 de la loi du 3 vendémiaire an IV modifia la loi du 12 brumaire an II; mais dès le 26 du même mois, un décret suspendit l'exécution de cet article 13.

La loi du 15 thermidor an IV abrogea l'article 13 de la loi du 3 vendémiaire, et la loi du 26 du même mois. Elle abrogea encore l'effet rétroactif de la loi du 12 brumaire, et rétroagit elle-même.

La loi du 2 ventôse an VI abrogea celle du 14 thermidor an IV, et déclara le droit des enfans naturels, conformément aux lois des 4 juin 1793 et 13 brumaire an IV.

Quant à ceux de ces enfans naturels dont les père et mère sont décédés depuis le Code civil, ils ne viennent plus à leur succession que pour les droits qui leur sont concédés par les articles 756, 757, 758 et 759 du Code civil.

Les successions ouvertes depuis la loi du 17 nivôse an II jusqu'à la publication du Code civil, se trouvant sous l'empire de cette loi, ce sont ceux qu'elle appelait qui viendront recevoir l'indemnité, pour se la diviser et subdiviser selon l'esprit dans lequel elle fut portée. Pour celles ouvertes depuis le Code civil, les institutions d'héritier sont soumises, quant à la forme de l'acte, aux lois du lieu où l'acte fut fait; quant à la quotité disponible, aux lois françaises sous l'empire desquelles étaient les biens-fonds lors du décès.

Les testamens peuvent être attaqués pour cause

de prétérition, de suggestion et captation, de concubinage, d'inofficiosité.

Jusqu'à la loi du 17 nivôse de l'an II, la quotité disponible était fixée par la loi romaine, pour les pays de droit écrit; par les lois coutumières, pour les provinces soumises aux coutumes.

La loi romaine et les coutumes furent cependant modifiées par un décret du 7 mars 1793, qui déclara abolie la faculté de disposer de ses biens, soit à cause de mort, soit entre vifs, soit par donation contractuelle en ligne directe, et voulut en conséquence que tous les descendans eussent un droit égal sur le partage des biens de leurs ascendans.

Ainsi toute institution d'héritier qui aurait été faite depuis cette loi jusqu'à celle du 17 nivôse an II, en faveur de l'un des enfans de l'instituant, est nulle.

La loi du 17 nivôse règle la quotité disponible jusqu'au 4 germinal an VIII, qu'elle fut abrogée quant à celles de ses dispositions qui réglaient les transmissions de biens par donations entre-vifs, et à cause de mort.

A son tour, la loi du 4 germinal an VIII régit les dispositions à cause de mort, et les donations entre-vifs qui furent faites depuis sa publication jusqu'à la promulgation du titre des donations et testamens au Code civil.

Ces diverses législations qui se sont succédé

exigeront une sévère attention dans l'examen des titres, droits et prétentions de ceux qui se présenteront pour réclamer l'indemnité à titre de successeurs.

Les douairières et leurs ayant-droit auront aussi des reprises à exercer sur l'indemnité; mais nous traiterons de leurs droits et de ceux des enfans comme propriétaires du douaire, au titre 5, *des droits des créanciers.*

En finissant nos observations, nous devons prévenir que c'est sur amendement proposé par la commission de la chambre des députés, qu'a été ajoutée cette disposition : *Sans qu'on puisse leur opposer aucune incapacité résultante des lois révolutionnaires.*

Il est inutile de dire que toutes autres incapacités résultantes du droit commun, peuvent être valablement opposées.

La commission avait aussi proposé l'amendement relatif au droit de succession. Cet amendement a été consenti par M. le commissaire du Roi, parce qu'il n'est dû aucun droit de succession pour les rentes sur l'État.

Ce fut sur l'amendement de M. Chifflet, appuyé par M. Basire, que fut insérée la disposition relative aux renonciations, disposition puisée dans le droit commun, et comme extraite de l'article 790 du Code civil.

Enfin, en rejetant un amendement de M. Delbormé, tendant à exclure et déclarer incapables de recueillir l'indemnité ceux qui la réclameraient en vertu de dispositions entre-vifs ou testamentaires faites hors de France, à titre universel, par les émigrés ou déportés, restés et décédés dans l'étranger, depuis la ratification du traité de paix d'Amiens, jusqu'au 1er. janvier 1814; à moins qu'il n'apparaisse, par les dispositions ou par les actes subséquens, que les disposans ont entendu comprendre dans leur libéralité, ou les biens-fonds qu'ils avaient laissés en France, ou l'action en revendication de ces biens; la chambre des députés a maintenu les donations entre-vifs et testamentaires faites hors de France, et confirmé le principe par elle adopté, que ce droit remonte au jour de la dépossession, et était dès-lors transmissible, en même temps qu'elle abrogeait l'article 38 de la loi du 28 mars 1793, qui déclarait nulles les donations entre-vifs ou à cause de mort, même celles faites par testament, codicile et contrat de mariage, faites par des émigrés, depuis le 1er. juillet 1789.

ARTICLE 8.

« Pour obtenir l'indemnité, les anciens propriétaires ou leurs représentans se pourvoiront
» devant le préfet du département où sont situés
» les biens vendus. Le préfet transmettra la de-
» mande au directeur des domaines du départe-

» ment, qui dressera le bordereau d'indemnité,
» conformément aux dispositions précédentes.

» Le bordereau sera communiqué aux récla-
» mans; ensuite adressé par le préfet au ministre
» des finances, avec les pièces produites: il y
» joindra son avis motivé, qui portera tant sur les
» droits et qualités des réclamans que sur les
» énonciations du bordereau, les observations ou
» réclamations qu'il aurait reçues. »

Après avoir établi les conditions de l'admission, la loi devait régler la mesure à suivre pour parvenir à la liquidation. La marche sera simple et facile.

Les anciens propriétaires ou leurs héritiers se pourvoiront devant le préfet du département où sont situés les biens-fonds vendus. Ils joindront à leur demande les titres et les actes propres à établir leur qualité et les droits que cette qualité leur donne.

Le préfet transmettra leur demande au directeur des domaines; celui-ci dressera les bordereaux d'indemnité, conformément aux dispositions que nous avons déjà fait connaître.

Ces bordereaux contiendront le nom de l'ancien propriétaire, la désignation des biens vendus et la date des ventes. Ils contiendront ensuite l'indication du montant de l'indemnité déterminée par les articles 2, 3 et 4 de la loi, selon la classe à laquelle appartiendront les biens désignés.

Ces opérations n'auront rien d'embarrassant ni de difficile; elles reposent toutes sur des actes authentiques et sur des calculs positifs; elles ne peuvent, dans aucun cas, prêter à l'arbitraire ou à la partialité. (*Exposé des Motifs.*)

Le deuxième paragraphe de cet article est une nouvelle rédaction de la commission de la chambre des députés. L'amélioration qu'il a reçue de cet amendement, consiste dans la communication du bordereau aux réclamans, qui pourront y faire des observations et réclamations, que le préfet sera tenu de transmettre avec son avis, de sorte qu'il ne sera rien fait que les réclamans ne puissent se défendre et faire valoir leurs droits.

A cet article et aux suivans, se rattachent les articles 1, 2, 3, 4, 5, 6, 7, 8, 9, 10, 11, 12 et 13, titre II; 16, titre III; 34, 35, 36, 37 et 38, titre V; 44, 45, 46, 47, 48 et 49, titre VI, de l'ordonnance du 1er. mai 1815.

Pour bien savoir quelles pièces sont à produire, il suffit de lire l'article 7 de cette ordonnance. Si ce sont des héritiers qui se présentent, ils devront justifier leur qualité par leur acte de naissance, l'acte de décès de celui dont ils se prétendent héritiers, un acte de notoriété passé devant notaire constatant qu'ils sont seuls héritiers, ou un intitulé d'inventaire. Si ce sont des institués, donataires ou légataires, ils représenteront les actes d'institution, de donation, testamens ou codiciles.

ARTICLE 9.

« Le ministre des finances vérifiera, 1°. s'il n'a
» pas été payé de soultes ou de dettes à la dé-
» charge du propriétaire dépossédé ; 2°. s'il ne lui
» a pas été compté, en exécution de la loi du 5
» décembre 1814, des sommes provenant de re-
» liquat de décompte de la vente de ses biens;
» 3°. s'il ne s'est pas opéré de compensations pour
» les sommes dues par lui au même titre; 4°. si
» quelques-uns des biens vendus sur lui ne pro-
» venaient pas d'engagemens ou autres aliénations
» du domaine royal, qui n'auraient été maintenus
» par les lois des 14 ventôse an VII et 28 avril
» 1816, qu'à la charge de payer le quart de la
» valeur desdits biens; auquel cas il sera fait dé-
» duction du quart sur l'indemnité due pour les
» mêmes biens.

» Il sera dressé un état des déductions à opérer,
» dans lesquelles ne seront pas comprises les som-
» mes payées à titre de secours aux femmes et en-
» fans, les gages de domestiques, et autres paiemens
» de même nature, faits en assignats, et en exé-
» cution des lois des 8 avril 1792 et 12 mars
» 1793.

» Quel que soit le total de ces déductions, il ne
» pourra diminuer l'affectation des trente millions
» de rente fixés par l'article 1er. »

L'article 9 est relatif aux déductions, pour dettes

acquittées, qui doivent être faites sur le montant de l'indemnité. La commission ayant remarqué qu'on a omis de parler des fonds détenus à titre d'engagement, propose un amendement qui a pour objet de déclarer qu'à l'égard des immeubles appartenant aux anciens propriétaires, par suite d'engagement du domaine royal, il sera déduit sur l'indemnité un quart, pour représenter celui qu'ils auraient été obligés de payer comme les autres engagistes. (*Rapport à la Chambre des députés.*)

Les dispositions de l'article 9, relatives aux engagistes, furent ajoutées sur amendement de la commission, sous-amendé par M. le garde-des-sceaux; la rédaction définitive en fut arrêtée séance tenante.

Les dispositions relatives à l'état à dresser des déductions, furent adoptées aussi sur l'amendement de la commission, sous-amendé pour plus de clarté et de précision par M. le ministre des finances, qui, dans la rédaction proposée par la commission, apercevait un vague qui apporterait de grands obstacles à la liquidation.

Le dernier paragraphe de l'article fut adopté d'après la proposition de la commission.

Le but évident de la disposition relative aux engagistes, a été de les relever de la déchéance qu'ils auraient encourue en vertu des articles 14 et 22 de la loi du 14 ventôse an VII, et d'autoriser les réclamations indiquées en l'article 26 de cette loi, qui dès-lors convertissait en droit à des indemnités sur le trésor public, les prétentions du ci-devant détenteur à la propriété; comme de maintenir l'article 116 de la loi financière, du 28 avril 1816, qui abroge la loi du 11 pluviôse de l'an XII, et le deuxième paragraphe de l'article 15 de la loi du 14 ventôse an VII; n'assujettit les possesseurs réintégrés qu'à l'exécution des autres dispositions de cette loi, et déclare commune à tous les engagistes cette dernière disposition de l'article 116.

ARTICLE 10.

« Le bordereau d'indemnité et l'état des dé-
» ductions seront transmis par le ministre des
» finances à une commission de liquidation nom-
» mée par le Roi. »

Cet article est purement de réglement pour l'administration, et n'a point besoin de commentaire. Les articles 1, 2, 3, titre Ier., de l'ordonnance du 1er. mai 1825, s'y rattachent et en sont le développement.

ARTICLE 11.

« La commission procédera d'abord à la re-
» connaissance des qualités et des droits des récla-
» mans.

» Dans le cas où elle jugerait la justification ir-
» régulière ou insuffisante, elle les renverra devant

» les tribunaux, pour faire statuer sur leur qualité
» contradictoirement avec le procureur du Roi.

» S'il s'élève entre les réclamans des contes-
» tations sur leurs droits respectifs, la commission
» les renverra également à se pourvoir devant les
» tribunaux, pour faire prononcer sur leurs pré-
» tentions, le ministère public entendu.

» Il y sera statué comme en matière sommaire,
» à moins qu'il ne s'élève quelque question d'É-
» tat. »

Voyez les articles 44, 45 et 46 de l'ordonnance du 1er. mai, qui se rattachent aux précédens. En indiquant à l'art. 7 les lois sous l'empire desquelles les successions ont dû s'ouvrir, les lois relatives aux enfans naturels, nous avons indiqué les contestations qui devront s'ouvrir entre les prétendans. Lorsqu'il s'agira de successions ouvertes sous l'empire de la loi du 17 nivôse an II, nous devons avertir que, pour ne point élever de mauvaises contestations, dans les cas prévus par les art. 84 et 85 de cette loi, il faut lire ces articles tels qu'ils furent rectifiés par le décret du 13 pluviôse an II, qui ne fut publié que par la voie du bulletin de correspondance, et publié par arrêté du Directoire exécutif du 12 pluviôse an VI. Suit le véritable texte de ces articles; nous soulignons la rectification.

Art. 84. Si le défunt n'a pas laissé d'héritiers descendant de son père, la portion paternelle sera attribuée, pour une moitié, aux descendans de l'aïeul paternel, et pour une autre aux descendans de l'aïeule *paternelle.* (Il y avait dans la première édition fautive, laquelle était officielle : *aïeule maternelle.*)

Art. 83. Si le défunt n'a pas laissé d'héritiers descendant de sa mère, la portion maternelle sera pareillement partagée entre les descendans de l'aïeul *maternel* et ceux de l'aïeule maternelle. (Il y a aïeul *paternel* au lieu de *maternel* dans les éditions fautives.)

Ces deux fautes, si l'on n'y faisait attention, présentent un sens qui appellerait d'autres que ceux qui sont vraiment appelés, et ferait éclore parmi des collatéraux une multitude de prétentions tout-à-fait déraisonnables.

ARTICLE 12.

« Quand la justification des qualités aura été
» reconnue suffisante, ou quand il aura été statué
» par les tribunaux, la commission ordonnera qu'il
» sera donné copie aux ayant-droit, des bor-
» dereaux dressés dans les départemens, et de
» l'état des déductions proposées par le ministre
» des finances ; et elle procédera à la liquidation
» après avoir pris connaissance de leurs mémoires
» et observations. »

ARTICLE 13.

« La liquidation opérée, la commission donnera avis de sa décision aux ayant-droit, et la transmettra au ministre des finances, qui fera opérer l'inscription de la rente, pour le montant de l'indemnité liquidée, dans les termes et délais qui ont été prescrits. »

ARTICLE 14.

« Les ayant-droit pourront se pourvoir contre la liquidation de la commission devant le Roi, en son conseil-d'état, dans les formes et dans les délais fixés pour les affaires contentieuses.

» La même faculté est réservée au ministre des finances. »

Voyez les art. 47, 48, 49, 50 et 51 de l'ordonnance du 1er. mai, qui ne sont que des corollaires des précédens.

Qu'on remarque bien que pour ne pas distraire les indemnisés de leurs administrateurs naturels et de leurs affaires ordinaires, c'est au préfet du département où sont situés les biens vendus, que les demandes doivent être adressées.

Chaque préfet est tenu d'enregistrer ces demandes sur un registre spécial; de transmettre les pièces et le bordereau du directeur des domaines au ministre des finances, d'y joindre son avis tant sur les droits et qualités des réclamans, que sur les énonciations des bordereaux.

Le ministre des finances est tenu de faire vérifier le montant des soultes des dettes, des compensations, des reliquats de décompte, dont se compose le passif des émigrés, et d'en faire dresser état, qu'il transmet à une commission chargée d'en apprécier l'exactitude et la régularité.

La commission est composée d'hommes qui, par leur position sociale, leurs lumières, la nature de leurs travaux habituels, sont la plus rassurante garantie de justice et de capacité, présidée par le noble maréchal qui le premier ouvrit l'avis de l'indemnité : elle est composée de ministres-d'État, de conseillers-d'État, de pairs, de députés des départemens. Elle est divisée en cinq sections : chaque section est chargée de l'examen des liquidations opérées dans une série de départemens. Les départemens sont divisés en cinq séries, selon l'ordre établi dans l'administration centrale des Domaines.

Quelle confiance ne mérite pas une semblable réunion!

Son premier devoir est de s'assurer des droits et des qualités des réclamans.

Si elle pense que leurs titres sont insuffisans, que leur justification est irrégulière, ou si, en sa présence, il s'élève des contestations entr'eux sur leurs droits respectifs, elle s'abstiendra de statuer.

Comme alors il s'agira de statuer sur des questions d'état et de qualité, et de faire reconnaître des droits dont l'examen n'appartient qu'à l'autorité judiciaire, elle renverra les réclamans à se pourvoir devant les tribunaux.

Les tribunaux statueront après avoir entendu le magistrat qui remplit auprès d'eux les fonctions du ministère public.

Quand la justification des qualités aura été reconnue suffisante, ou quand il y aura été statué par les tribunaux, la commission ordonnera la communication aux intéressés des bordereaux dressés dans les départemens, et de l'état des déductions opérées par le ministre des finances; elle recevra les mémoires et observations, et procédera ensuite à la liquidation définitive, conformément aux bases déterminées par la loi.

Cette opération terminée, elle donnera avis de sa décision aux ayant-droit, et elle la transmettra au ministre des finances, qui devra faire opérer l'inscription de rente dans les délais qui ont été prescrits.

Avec des bases certaines et les facilités d'une application purement matérielle, les précautions qui viennent d'être indiquées paraîtraient sans doute suffisantes pour offrir une parfaite sécurité.

Cependant la loi prévoit encore la possibilité d'une erreur; et, dans ce cas, elle ouvre aux réclamans et au ministre des finances la voie du recours devant le Roi en son conseil-d'état. (Extrait de l'*Exposé des Motifs.*)

Au conseil-d'état, les membres de la commission attachés au service ordinaire du conseil, s'abstiendront de prendre part aux délibérations du conseil-d'état, dans les affaires où ils auront déjà émis une opinion en leur qualité de membres de la commission.

Les maîtres des requêtes ne pourront être nommés rapporteurs dans les affaires dont ils auront connu devant la commission de liquidation. (*Voy.* l'art. 5 de l'Ordonnance du 8 mai 1825.)

Les articles 8, 9, 10, 11, 12, 13 et 14 inclusivement, tracent la marche que devront suivre les anciens propriétaires ou leurs représentans, pour réclamer l'indemnité. Le préfet reçoit la réclamation; le directeur des domaines dresse le bordereau d'indemnité, etc.

Votre commission n'a pu qu'approuver un code de procédure si complet et si régulier : il lui a cependant été impossible de ne pas redouter, pour les malheureux propriétaires dépossédés, les lenteurs inséparables de tant d'opérations successives. Elle ne doute pas, d'ailleurs, du zèle qu'apportera l'administration à la prompte expédition d'un genre d'affaires qui intéresse l'État à un si haut degré. (*Rapport de M. le comte Portalis.*)

TITRE III.

Des Déportés et des Condamnés.

ARTICLE 15.

« Les dispositions précédentes seront applica-
» bles aux biens confisqués et aliénés au préjudice
» des déportés et condamnés révolutionnaire-
» ment.

» Sera déduit de l'indemnité le montant des
» bons au porteur donnés en remboursement aux
» déportés et aux familles des condamnés, en exé-
» cution des décrets des 21 prairial et 22 fructi-
» dor an III, réduit en numéraire au cours du
» jour où la remise leur en a été faite. »

Indépendamment de ses bannis qui nous ont occupés, la révolution française a aussi ses déportés. Les déportés ont eu également leurs biens vendus et leurs familles dépouillées et ruinées. Il est inutile de dire que les dispositions de la loi leur sont applicables et doivent leur être communes.

Ce n'est pas tout : d'autres familles dont la ruine se rattache à des souvenirs plus douloureux encore, partageront avec les premières les effets de votre justice.

Les lois du 13 ventôse et 21 prairial abolirent les confiscations prononcées contre les condamnés ;

elles ordonnèrent la restitution des biens non vendus; et, pour tenir lieu aux familles des propriétés dont la vente était déjà consommée, elles leur accordèrent, en remboursement du prix, *des bons au porteur* admissibles seulement en paiement de biens d'émigrés. Ces bons ont pu être depuis compris dans la liquidation de la dette publique; et, à défaut de liquidation, ils ont été frappés de déchéance.

En considérant les héritiers des condamnés comme de simples créanciers de l'État, il est certain que leurs réclamations pourraient être écartées. Un sentiment impérieux nous avertit qu'une pareille rigueur serait une véritable injustice.

Nous avons pensé que ce dédommagement illusoire laissait subsister la confiscation avec toute sa cruauté et toutes ses conséquences, et que c'était là le mal auquel nous devions apporter un remède.

Nous avons jugé qu'il était impossible d'opposer une réparation de ce genre aux enfans des victimes, et de déclarer que les plus malheureux étaient les seuls pour lesquels le jour de la justice ne devait apporter aucune consolation.

La loi comprend donc les familles des condamnés ainsi que celles des déportés dans la mesure réparatrice : seulement, il a paru juste de déduire de l'indemnité qui doit leur être appliquée, la valeur réelle des *bons au porteur* qu'ils peuvent avoir reçus. Cette valeur sera déterminée par le cours du jour où la remise leur en a été faite. Ainsi la loi actuelle, sévère dans son équité, ne leur accordera que le supplément nécessaire pour les placer dans une situation semblable à celle des autres propriétaires dépossédés. (*Exposé des Motifs.*)

Suivant l'art. 15, le montant des bons au porteur donnés en remboursement aux déportés et aux familles des condamnés, sera déduit de l'indemnité qui leur sera allouée, après avoir été préalablement réduit en numéraire. (*Rapport de M. le comte Portalis.*)

TITRE IV.

Des Biens affectés aux hospices et autres établissemens de bienfaisance, et des Biens concédés gratuitement.

Article 16.

« Les anciens propriétaires des biens donnés » aux hospices et autres établissemens de bienfaisance, soit en remplacement de leurs biens aliénés, soit en paiement de sommes dues par » l'État, auront droit à l'indemnité ci-dessus réglée. Cette indemnité sera égale au montant de » l'estimation en numéraire faite avant la cession. »

Les lois de la révolution avaient dépouillé les

hospices de leurs biens et de leurs revenus ; celle du 16 vendémiaire an V leur rendit ceux qui n'avaient pas été aliénés, et ordonna que les autres seraient remplacés par des domaines nationaux du même produit.

En vertu de cette loi, des biens furent définitivement concédés aux hospices, sur une estimation préalable : d'autres leur furent affectés par des dispositions provisoires.

La loi du 5 décembre 1814 s'occupa de ces propriétés : elle déclara excepter de la remise les biens dont il avait été *définitivement* disposé; elle ajouta, en ce qui touchait les biens qui n'avaient été que *provisoirement* affectés aux hospices, que la remise pourrait en être faite lorsque ces établissemens auraient eu un accroissement de dotation égal à la valeur de ces biens.

Tel est l'état de la législation à ce sujet. La distinction faite par la loi du 5 décembre 1814 prescrivait clairement la mesure qu'il convenait d'adopter aujourd'hui.

Ici la base était facile à trouver, puisque la concession a été précédée d'une estimation faite en numéraire. (*Exposé des Motifs.*)

Article 17.

« En ce qui concerne les biens qui n'ont été » que provisoirement affectés aux hospices et au- » tres établissemens de bienfaisance, et qui, aux

» termes de l'art. 3 de la loi du 5 décembre 1814,
» doivent être restitués lorsque ces établissemens
» auront reçu un accroissement de dotation égal à
» la valeur de ces biens, les anciens propriétaires
» ou leurs représentans pourront en demander la
» remise aussitôt qu'ils auront transmis à l'hospice
» détenteur une inscription de rente 3 pour cent,
» dont le capital sera égal au montant de l'estima-
» tion qui leur est due à titre d'indemnité.

» En ce qui concerne les biens définitivement et
» gratuitement concédés par l'État, soit à d'autres
» établissemens publics, soit à des particuliers,
» l'indemnité due aux anciens propriétaires sera
» réglée conformément à l'art. 16 ci-dessus. A dé-
» faut d'estimation desdits biens antérieure à la
» cession qui en a été faite, ils seront estimés con-
» tradictoirement et par experts, valeur de 1790. »

Quant aux biens qui n'ont été que *provisoirement* affectés aux hospices, les anciens propriétaires pourront en demander la remise, en offrant de transmettre à l'hospice détenteur l'inscription de rente 3 pour 100, égale au montant de l'estimation qui leur aura été accordée à titre d'indemnité. Tous les intérêts se trouvent ainsi garantis.

Les hospices ont reçu les biens provisoirement cédés, pour une valeur égale au prix d'estimation : en leur offrant ce prix on ne leur porte aucun préjudice, et la loi pourvoit à tout en ordonnant que la remise des biens ne sera opérée que lorsque la rente aura été inscrite en entier en faveur de l'ancien propriétaire. (*Exposé des Motifs.*)

Les art. 16 et 17 se rapportent aux biens affectés aux hospices et autres établissemens de bienfaisance, et aux biens concédés gratuitement. Ils maintiennent la stricte exécution des dispositions de la loi du 5 décembre 1814. Il est impossible à votre commission de ne pas déplorer, en cette occasion, les tristes conséquences d'une double spoliation. Toutefois elle aurait difficilement compris qu'on n'eût pas accordé aux hospices une faveur égale à celle qu'obtiennent tous les autres propriétaires de biens confisqués et vendus. Leur cause est celle de l'humanité souffrante, leurs droits sont ceux de tous les tiers, car les hospices sont personnes privées, et leur dotation est distincte du domaine de l'État; de plus, la politique prescrivait seule de respecter leur possession, si la justice ne le commandait pas. Leur patrimoine est le patrimoine commun de tous ceux qui n'en ont pas. Si leur seconde spoliation serait au fond plus facile à justifier que la première, elle n'en serait pas moins odieuse; car, aux yeux du plus grand nombre, une justice si rigoureuse dégénérerait en oppression et en injustice. (*Rapport à la Chambre des pairs.*) Les art. 57, 58, 59 de l'ordonnance du 1er. mai, tracent le mode à suivre pour demander et obtenir la remise de ces biens, parce que s'il y a contestation, elle sera portée devant le ministre de l'intérieur, sauf le recours au conseil-d'état.

Dans le projet de loi, on avait omis les propriétaires des biens confisqués et concédés gratuitement soit à des établissemens publics, soit à des particuliers : cela fut l'objet d'une vive discussion dans la chambre élective, et le sujet du 2e. paragraphe de l'art. 17, qui fut adopté sur la rédaction définitive qu'en présenta M. de Martignac.

Quoique dans ce dernier paragraphe il ne soit rien dit des représentans du propriétaire à défaut de celui-ci, ils n'en sont pas moins appelés, comme compris dans la disposition de l'art. 7, qui, à cet égard, domine toute la loi et l'empreint de son esprit.

La valeur à restituer sera celle portée en l'estimation, s'il y a eu estimation préalable ; sinon, ils seront estimés par experts, pour la nomination desquels on suivra le mode prescrit par l'art. 28 de l'ordonnance du 1er. mai 1825.

TITRE V.

Des Droits des Créanciers relativement à l'indemnité.

Article 18.

« Les oppositions qui seraient formées à la délivrance de l'inscription de rente par les créanciers des anciens propriétaires, porteurs de titres

» antérieurs à la confiscation, non liquidés et non
» payés par l'État, n'auront d'effet que pour le
» capital de leurs créances. Les anciens propriétai-
» res ou leurs représentans auront droit de se li-
» bérer des causes de ces oppositions en transfé-
» rant auxdits créanciers, sur le montant de la
» liquidation en rente 3 pour 100, un capital no-
» minal égal à la dette réclamée.

» Ces créanciers exerceront leurs droits suivant
» le rang des priviléges et hypothèques qu'ils
» avaient sur les immeubles confisqués.

» L'ordre ou la distribution seront faits, s'il y a
» lieu, quel que soit le juge de la situation des
» biens, devant le tribunal du domicile de l'ancien
» propriétaire, ou devant le tribunal dans le res-
» sort duquel la succession s'est ouverte. »

Vous connaissez, Messieurs, la situation des émigrés, relativement à ceux de leurs créanciers dont les titres remontent à une époque antérieure aux confiscations.

Vous savez que les biens confisqués furent déclarés affranchis de toute charge et vendus libres d'hypothèque, et que ces créanciers dont ces biens étaient le gage, furent déclarés créanciers de l'État.

Parmi ces créanciers, il en est un grand nombre dont les titres ont été liquidés, et qui ont été admis à les faire recevoir en paiement de biens nationaux, ou à les convertir en inscriptions sur le grand-livre de la dette publique.

D'autres, au contraire, ont été frappés de déchéance, faute d'avoir fait, dans les délais prescrits, les justifications ordonnées.

Au retour des émigrés, les créanciers non liquidés ont dirigé contre eux des poursuites, soit sur les biens qui leur étaient rendus, soit sur leurs autres propriétés.

La loi du 5 décembre 1814 prononça un sursis d'une année à toutes actions de la part des créanciers sur les biens dont elle ordonnait la remise, en les autorisant néanmoins à faire tous les actes conservatoires.

Le droit qu'ont aujourd'hui les créanciers non payés par l'État, de poursuivre leur paiement sur les biens possédés par leurs débiteurs, résulte des principes généraux de la législation intermédiaire, et de la disposition même de la loi du 5 décembre 1814; mais l'exercice de ce droit nous semble pouvoir être restreint dans de justes bornes, en ce qui touche l'indemnité qui fait l'objet de la loi actuelle.

La confiscation remonte à plus de trente années : pendant ce temps, l'État a joui des fruits de l'immeuble ou des intérêts du prix. Il ne rend aujourd'hui qu'une valeur approximative du principal, et il retient tous les revenus. En augmentant les ressources du débiteur, et en offrant ainsi au créancier des garanties nouvelles, le pouvoir législatif peut et doit prendre en considération leur position respective.

Nous croyons que c'est être équitable envers tous les deux, que de n'admettre l'opposition à la délivrance de l'indemnité des créanciers antérieurs à la confiscation, qu'à concurrence du capital seulement, et sans intérêts pour le passé.

Remarquez bien, Messieurs, que le projet de loi n'entend faire porter cette restriction que sur l'indemnité; elle ne porte aucune atteinte aux droits qui peuvent résulter, en faveur des créanciers, des titres dont ils sont nantis, ni aux actions qui peuvent leur appartenir sur les autres biens dans l'état actuel de la législation.

Elle règle seulement, dans un esprit d'équité qui doit présider à toutes les dispositions d'une loi de réparation et de conciliation, la part réservée au créancier qui fut privé de son gage, sur l'indemnité accordée au propriétaire qui fut privé de son bien.

Il nous semble qu'il y a, dans la disposition proposée, quelque chose d'équitable, qui doit satisfaire les consciences en maintenant les principes. (*Exposé des Motifs.*)

L'art. 18 du projet est relatif aux droits des créanciers par actes antérieurs à la confiscation.

La position respective de ces créanciers et de leurs débiteurs est embarrassante, et les tribunaux sont incertains dans leurs décisions.

Votre commission pense qu'un moyen terme doit être adopté. L'acte de justice que vous êtes appelés à faire aujourd'hui, doit replacer les uns et les autres dans une position égale, et ce qui régit le sort des uns doit naturellement régler le sort des autres.

Déjà le ministère l'a reconnu, en vous proposant de n'autoriser les créanciers à ne former opposition que pour leur capital, parce que précisément l'État ne rend aux anciens propriétaires qu'un capital sans restitution de fruits. Le même principe conduit à décider que si ces créanciers veulent être payés sur l'indemnité, et manifestent cette volonté par des oppositions, le débiteur ait droit de faire lever ces oppositions en leur offrant capital pour capital, et jusqu'à due concurrence du transfert de la rente 3 pour 100, dont l'indemnité se compose.

Tous les intérêts nous semblent conciliés. La même justice qui rend au débiteur ce que la confiscation lui avait ravi, relève le créancier des déchéances qu'il a encourues par l'effet de la confiscation.

Une autre question également importante s'est présentée.

Tous les créanciers antérieurs à la confiscation qui formeront opposition sans distinction des hypothécaires et des chirographaires, viendront-ils à contribution sur le capital de l'indemnité? admettra-t-on au contraire ceux qui avaient, sur les biens vendus, des droits d'hypothèques et de priviléges, à les exercer dans l'ordre de leurs titres?

Le prix des biens vendus est dans la caisse de l'État, comme le prix d'un immeuble hypothéqué le serait dans les mains de l'acquéreur, ou dans la caisse des consignations; il sera donc grevé des mêmes hypothèques. Nous n'avançons rien qui ne soit écrit dans tous les livres des jurisconsultes; qui n'ait, d'après leur doctrine, été converti en loi par nos codes.

La conséquence des vrais principes conduit à décider que l'indemnité doit être considérée dans l'intérêt des créanciers, ayant hypothèque sur les biens vendus, comme le prix même de ces biens; et que ce prix doit leur être attribué dans l'ordre de leurs créances, aux droits hypothécaires, tel qu'il existait au moment de la confiscation.

La nouvelle rédaction de l'article 18 sera conçue en ce sens. (*Rapport à la Chambre des députés.*)

Les dispositions de l'article 18 règlent les droits des créanciers, relativement à l'indemnité.

Les oppositions à la délivrance de l'inscription de rente, formées par les créanciers des anciens propriétaires, porteurs de titres antérieurs à la confiscation, non liquidés et non payés par l'État, n'auront d'effet que pour le capital de leurs créances. Les anciens propriétaires ou leurs représentans, pourront se libérer en leur transférant un capital nominal en rente trois pour cent, égal à la dette réclamée. Ces créanciers exerceront leurs droits, suivant le rang de leurs priviléges et de leurs hypothèques. Il sera procédé à l'ordre ou à la distribution, devant le tribunal du domicile de l'ancien propriétaire, ou devant le tribunal dans le ressort duquel la succession s'est ouverte.

Quelques membres de votre commission auraient désiré que l'article eût dit en termes exprès, que la prescription n'avait pu courir contre les créanciers d'un émigré, durant le temps de l'émigration de leur débiteur; mais elle a été unanimement d'avis, que le texte de la loi le disait implicitement, et qu'il y avait lieu d'ailleurs à l'application de cette maxime de droit, qui veut que les délais de la prescription ne puissent courir contre celui qui est dans l'impossibilité d'agir, *contra non valentem agere, nulla currit præscriptio.*

Si votre commission n'avait pris la résolution de ne proposer à vos seigneuries, à l'occasion d'une loi qui touche à tant d'intérêts, et qui remue si vivement les esprits, que des amendemens indispensables, elle aurait cru de son devoir de réclamer contre les conditions que l'on impose aux créanciers.

L'abolition ou la réduction des dettes n'est pas plus favorable à l'ordre public et aux intérêts de la monarchie, que l'expropriation du sol, ou le partage égal des terres. Elles n'étaient invoquées dans les anciennes républiques, qu'elles mirent souvent en péril, que par les flatteurs et les corrupteurs d'une aveugle multitude. (*Rapport à la Chambre des pairs.*)

L'article 18, tel qu'il était proposé par le gouvernement, ne se composait que de la première phrase, et était terminé par les mots : *de leurs créanciers*. Les autres dispositions ont été ajoutées par amendement, sur la proposition de la commission de la chambre des députés.

Le mot : *distribution* fut introduit dans le dernier paragraphe, sur la proposition de M. Jacquinot-Pampelune, qui voulait le faire substituer au mot : *ordre*.

Les formalités à remplir par les créanciers qui voudront former opposition, sont indiquées en l'article 56 de l'ordonnance du 1er. mai 1825 ; mais c'est notamment au décret du 18 août 1807 qu'il faut s'attacher pour l'exacte observation des formes.

L'article 18, quoiqu'il ne parle que des créanciers dont les titres sont antérieurs à la confiscation, n'exclut pas les créanciers même étrangers, dont les titres sont postérieurs. Ceux-ci ont un droit égal, sinon à l'indemnité, au moins à former opposition, sauf l'événement de l'utilité ou de l'inutilité de leur opposition, selon qu'il y aura, après les créanciers premiers payés, suffisamment dans l'indemnité pour payer les derniers.

Selon quelle loi sera-t-il procédé à l'ordre ou à la distribution entre les créanciers privilégiés et hypothécaires ?

La loi de l'indemnité fait remonter le droit de l'ancien propriétaire au jour de la dépossession, c'est-à-dire de la confiscation. Établissant une règle égale pour le créancier, elle fixe l'ouverture de son droit à ce même jour, parce que l'État, semblable à un acquéreur, ce jour-là même a dû le prix; c'est donc l'édit du mois de juin 1791, qui est la règle des ayant-droit, parce qu'à chacun d'eux le droit était acquis.

D'après l'article 19 de cet édit, il ne pourra y avoir lieu à un ordre qu'entre les créanciers opposans qui, pour acquérir une priorité de privilége et d'hypothèque, ont dû conformément à l'article 15, former leurs oppositions entre les mains des conservateurs. Or, d'après cet article 19, les créanciers privilégiés et hypothécaires opposans entièrement payés, s'il reste des deniers, la distribution s'en fera par contribution entre les créanciers chirographaires opposans, par préférence aux créanciers privilégiés et hypothécaires, qui auraient négligé de faire opposition. La dernière conséquence que présente l'esprit de cette loi, c'est que s'il n'y a ni créanciers privilégiés ou hypothécaires, ni créanciers chirographaires opposans, la distribution par contribution doit être faite entre tous. L'opposition seule donnant, comme sous la législation existante, l'inscription, une priorité qui n'existait que par elle, et faisant seule produire à l'hypothèque son effet.

C'était tellement l'esprit de la législation d'alors, qu'on le retrouve dans l'article 22 de la loi du 8 avril 1792, où il est dit: *les ventes faites suivant les formes prescrites par l'article* 20, *purgeront toutes* les hypothèques autres que l'hypothèque nationale; les droits des créanciers seront conservés par des oppositions formées entre les mains du conservateur des hypothèques, ou en celles du receveur du droit d'enregistrement, antérieurement à l'adjudication définitive.

C'est ainsi, à n'en pas douter, que cela a été entendu lors de l'introduction dans ce dernier paragraphe, de l'article 18, sur le sous-amendement à l'amendement de la commission, des mots : *ou la* distribution. Autrement ce serait un non-sens, et nous sommes convaincus que l'auteur du sous-amendement et la chambre n'ont pas voulu introduire dans la loi une disposition inutile.

Notre conviction est puisée dans l'acception même du mot. Il a dans les matières de droit deux acceptions, l'une générale, l'autre particulière, selon la place qu'il occupe.

Dans son acception générale, il embrasse l'ordre et la contribution, qui sont deux sortes de distributions produisant des effets différens; dans son acception privée, il désigne simplement une contribution. La place qu'il occupe dans l'article, séparé qu'il est du mot *ordre* par la conjonction alternative *ou*, prouve que la pensée du législateur a été d'une opération opposée *à l'ordre*.

Il est une classe de créanciers dont le privilége ne peut être primé par aucun autre, en ce qu'il dérive de la propriété, et qu'il en est comme une partie. Ce sont les légitimaires dont les droits sont établis par quelques coutumes, notamment celle d'Orléans; les enfans en faveur desquels le douaire était déclaré propre par d'autres coutumes, telles que celle de Paris; les enfans normands pour leur tiers coutumier, qui était le douaire de leurs mères. Les coutumes n'ayant été abrogées, quant à la transmission des biens, que par la loi du 17 nivôse an II (6 novembre 1794), la dépossession remontant au 8 avril 1792, la loi reportant l'ouverture du droit des indemnisés ou de leurs héritiers au jour de la dépossession, dès-lors le droit fut acquis et ouvert.

Il en faut dire autant des légitimaires dont les pères vivaient en pays de droit écrit, et dont les légitimes n'auraient point été versées dans le trésor public, soit parce que l'institué aurait émigré lui-même, soit par toute autre cause.

Les enfans des indemnisés qui viendront, et de leur propre chef, pour les causes ci-dessus, et comme héritiers, devront n'accepter que sous bénéfice d'inventaire la succession de leurs auteurs, afin de s'assurer le bénéfice des lois en vigueur à l'époque de la confiscation.

Il est des biens sur lesquels les créanciers ne pourront exercer aucun droit, ce sont les biens substitués.

Le décret du 25 août 1792 déclara qu'il n'était plus permis de substituer. Le décret des 25 octobre et 14 novembre suivans, interdit et prohiba, par son article 1er., toutes substitutions à l'avenir. Par son article 2, il abolit les substitutions non ouvertes; et par son article 3, dit que les substitutions ouvertes lors de la publication du présent décret, n'auront d'effet qu'en faveur de ceux seulement qui auront alors recueilli les biens substitués, ou le droit de les réclamer.

L'article 3, section II de la loi du 28 mars 1793, porte que les effets de la mort civile dont la nation a frappé les émigrés, ne pourront être opposés à la république. En conséquence, que toutes les substitutions dont les émigrés ont été privés, sont ouvertes au profit de la nation.

Les créanciers du grevé de substitution n'ont aucuns droits sur les biens substitués, dont l'indemnité appartient à celui en faveur de qui la substitution avait été stipulée.

Si parmi les créanciers il en est qui aient acheté les biens, ou partie des biens confisqués de leur débiteur; si même de ces créanciers étaient proches parens de l'émigré, frères par exemple, et qu'ils formassent opposition, n'y aurait-il pas lieu à examiner spécialement à l'égard des frères, lors de l'examen de leur demande, d'apprécier la vraie valeur de l'immeuble et de la comparer avec le prix payé réellement par eux; de suppléer dans ce cas jusqu'à concurrence, par une compensation contre partie du capital de la dette, la différence du prix véritable au prix payé.

La loi n'a point prévu ce cas; elle ne pouvait tout prévoir. Il faut renvoyer dans ces circonstances au droit naturel et à la raison de justice et d'équité, qui ne veut pas que l'on profite du

6..

malheur d'un autre, et surtout un frère qui a payé sans doute moins cher, parce qu'on l'a cru personne interposée.

Si la propriété eût été vendue dans les temps ordinaires, elle eût été vendue tout son prix : tout ce prix fût venu à la décharge du débiteur; la position du débiteur et du créancier eût été égale. C'est cette égalité qu'il est juste de rétablir.

TITRE VI.

Des Délais de l'admission.

ARTICLE 19.

« Les réclamations tendant à obtenir l'indem-
» nité devront être formées, à peine de déchéance,
» dans les délais suivans, savoir :

» Dans un an, par les habitans du royaume;

» Dans dix-huit mois, par ceux qui se trouve-
» ront dans les autres états de l'Europe;

» Dans deux ans, pour ceux qui se trouvent
» hors d'Europe.

» Ces délais courent du jour de la promulgation
» de la présente loi. »

ARTICLE 20.

« Il sera ouvert dans chaque préfecture un
» registre spécial où seront inscrites, à leur date,

» les réclamations qui auront été adressées au
» préfet, ainsi que le résultat de chacune des li-
» quidations, lorsqu'elle aura été terminée.

» Des extraits régulièrement certifiés de ce re-
» gistre, seront délivrés à toutes personnes qui au-
» ront intérêt à les réclamer. »

Il importe que la France connaisse, dans un délai déterminé, l'étendue précise, certaine et positive du sacrifice qu'elle se sera imposé. Il ne serait ni juste ni politique qu'elle demeurât exposée à des réclamations sans terme.

Nous avons donc pensé qu'il convenait de fixer un délai après lequel les réclamations ne seraient plus admises. Ce délai doit être combiné de manière à laisser aux intéressés toute la latitude nécessaire pour connaître la loi, rechercher leurs titres et préparer leurs réclamations.

Nous vous proposons d'accorder un an à ceux qui habitent le royaume, dix-huit mois à ceux qui se trouvent dans les autres états de l'Europe, et deux ans à ceux qui habitent hors de l'Europe. (*Exposé des Motifs.*)

Les art. 19 et 20 déterminent dans quels délais les réclamations des prétendant droit à l'indemnité, doivent être formées; le dernier de ces délais est en proportion de l'éloignement où les réclamans se trouvent du centre des affaires. (*Rapport à la Chambre des Pairs.*)

Les délais pour former les oppositions par les

créanciers, devront être nécessairement les mêmes, par la raison que là où il y aura déchéance faute de réclamation dans le délai, il y aura lieu à opposition.

Si l'indemnisé ou ses héritiers, en ce qu'il apercevrait, par la masse de ses dettes, qu'il n'y aurait aucun profit pour lui de réclamer l'indemnité, ses créanciers pourraient-ils la réclamer en son lieu et place? Oui: cette question est décidée par l'art. 788 du code civil.

A qui profiteront les déchéances? au Trésor royal; il n'y a que les déductions qui ne pourront diminuer l'affectation des trente millions de rente fixés par l'art. 1er. L'État, débiteur par l'effet de la déchéance, prend la place du créancier : la dette est éteinte en sa faveur.

Là finissait le projet de loi ; les articles suivans y furent ajoutés, savoir : les trois premiers par la chambre élective ; le dernier par la chambre des pairs. L'art. 20 lui-même, tel qu'il est, appartient, quant à la rédaction, à M. Jacquinot de Pampelune.

TITRE VII.

Dispositions générales.

ARTICLE 21.

« Il sera annuellement distribué aux Chambres, » avec les projets de loi des comptes, des états dé-

» taillés de toutes les liquidations arrêtées conformément aux dispositions de la présente loi, pendant l'exercice auquel se rapporteront ces projets. »

Cet article a été décrété sur la proposition de M. de Charencey, adoptée par la Chambre, comme une garantie qu'offre la publicité. Le ministre des finances, qui l'adoptait comme une conséquence de l'ouverture des registres dans la préfecture, prescrite par l'art. précédent, voulait que le mot *détaillés* fût élagué, comme présentant des inconvéniens. La Chambre n'eut point égard à ses observations.

La commission de la chambre des pairs fit manifester par son rapporteur le regret que le grand intérêt de la publicité et la nécessité du contrôle des Chambres eût rendu indispensable la disposition de cet article, car il n'est pas, disait-elle, sans inconvénient pour le maintien de la concorde parmi les citoyens et la tranquillité intérieure de l'État, de produire de nouveau au grand jour de fatales listes que les efforts réunis de tous les amis de la paix et de la patrie ont tendu constamment, depuis plus de vingt ans, à faire oublier. (*Voir le Rapport de M. le comte Portalis.*)

ARTICLE 22.

« Pendant cinq ans, à compter de la promulgation de la présente loi, tous actes translatifs de

» la propriété des biens confisqués sur les émigrés,
» les déportés et les condamnés révolutionnaire-
» ment, et qui seraient passés entre le propriétaire
» actuel desdits biens et l'ancien propriétaire ou
» ses héritiers, seront enregistrés moyennant un
» droit fixe de 3 francs. »

Cet article, jeté tout-à-coup par M. Duhamel dans la discussion, excita des réclamations et une discussion d'autant plus vive, que son auteur ne dissimula point que son but était de faciliter des *restitutions* : ce fut son mot, qui avait bien des points de contact avec une expression violente, insultante même pour les propriétaires nouveaux, dont s'étaient servi d'autres députés.

Il fut renvoyé à la commission avec d'autres propositions analogues.

La commission déclara que l'initiative d'une proposition aussi importante appartient au Roi; que déjà elle avait agité cette question avec M. le Président du conseil et MM. les commissaires du Roi, qui avaient fait valoir des considérations déduites de la crainte de l'abus que la mauvaise foi ou l'esprit de parti pourrait faire d'une pareille proposition.

Elle ne proposa point une nouvelle rédaction, parce qu'elle pensait qu'il n'y avait rien à proposer à cet égard.

Cependant l'article fut adopté.

A la chambre des pairs, les craintes des ministres furent recueillies. Le besoin de redonner à la loi son véritable esprit, que cet article dénaturait, fut reconnu ; le remède proposé et adopté.

» L'art. 22, disait M. le comte Portalis au nom de la commission, mérite une attention particulière : il accorde l'exemption du droit proportionnel d'enregistrement à tous les actes translatifs de la propriété des biens confisqués qui seraient passés pendant cinq ans, à dater de la promulgation de la loi, entre le propriétaire actuel et l'ancien propriétaire ou ses héritiers ; et il n'assujettit ces transactions qu'au droit fixe de 3 francs.

» Cette disposition est claire : elle a pour objet de favoriser la rétrocession des biens confisqués et aliénés. Elle eût été, d'un commun accord, accueillie comme un bienfait en 1816 ; mais est-elle bien à sa place dans la loi d'indemnité ? n'appartient-elle pas à un autre ordre d'idées et de dispositions ? est-elle parfaitement en harmonie avec l'art. 9 de la charte et l'art. 1er. de la loi ? Votre commission a examiné mûrement toutes ces questions et beaucoup d'autres ; elle a été amenée à penser qu'une disposition qui ne peut avoir pour objet que de faciliter les transactions libres, volontaires et amiables entre les anciens et les nouveaux propriétaires, ne doit pas être considérée comme contraire à l'art. 9 de la charte, qu'elle ne l'est pas davantage à l'art. 1er. du projet de loi, car l'exemption du droit qu'elle accorde profitera plus encore au fisc, en multipliant les mutations ultérieures, qu'il ne lui fera perdre par le sacrifice qu'on lui impose en faveur de la transaction privilégiée; que si cet article aurait pu plus naturellement trouver sa place dans une autre loi, il y aurait inconvénient à le repousser lorsqu'il a été introduit dans celle-ci, puisqu'il n'a pour objet que d'encourager des transactions *pleinement libres, purement volontaires et réciproquement amiables*, *sans aucune coaction ni matérielle ni morale*, sans l'ombre de la moindre défaveur pour les propriétaires actuels; et parce qu'il semblerait résulter de son rejet, que la chambre des pairs repousse avec une incroyable rigueur, dans l'intérêt de l'État, tous les moyens légaux, doux et concilians, de favoriser la rentrée des anciens propriétaires dans le patrimoine de leurs familles, lors même qu'ils pourraient y rentrer sans la moindre lésion pour le nouveau propriétaire avec lequel ils auraient à traiter; enfin que son inopportunité même peut devenir l'occasion et le motif d'une heureuse addition à la loi proposée. En effet, nous avons été unanimement d'avis que l'adoption de l'art. 22 entraînait nécessairement l'adoption d'un autre article qui vînt confirmer les garanties acquises aux tiers, et ajouter aux garanties de la paix publique.

Ainsi, d'après cet esprit de paix si bien imprimé à l'art. 22, si bien réduit à des traités amiables, tous les possesseurs nouveaux doivent être bien convaincus que dans la vente des biens par eux acquis, il ne peut être exercé sur eux une contrainte quelconque, et qu'ils ne peuvent être déterminés que par leur propre volonté, déterminée elle-même par leur intérêt propre, bien pesé, bien entendu et froidement jugé.

ARTICLE 23.

« La qualité d'étrangère ou d'étranger ne pourra
» être opposée, relativement à l'exécution de la
» présente loi, aux françaises veuves ou descen-
» dantes d'émigrés, de déportés ou de condamnés
» révolutionnairement, lesquelles auraient con-
» tracté mariage avec des étrangers antérieurement
» au 1er. avril 1814, ni à leurs enfans nés de pères
» ayant joui de la qualité de Français. »

Cet article prit naissance dans la chambre des Députés, sur la proposition de M. Jacquinot de Pampelune; il fut amendé dans la chambre des pairs, et y reçut sa rédaction définitive.

C'est dans le rapport à la chambre des pairs qu'on en trouve l'esprit véritable : « Votre commission a pensé, disait le rapporteur, que l'article 23 ne rendait aux veuves et aux descendans du propriétaire exproprié, mariées avec des étrangers, qu'une justice incomplète. Elle a pensé que le droit naturel devait être à nos yeux plus puissant que le droit civil, et qu'une loi de justice et d'équité ne devait pas exclure des enfans de la succession de leur mère; que lorsque la loi française a aboli le droit d'aubaine, et admis tous les étrangers, sans distinction, à recueillir la succession de leurs parens français, il y a quelque chose d'excessivement rigoureux à refuser ce droit au fils d'une française, au fils de la veuve ou de la fille d'un émigré, d'un condamné ou d'un déporté, et à laisser peser sur lui seul, au jour de la réparation, le poids d'un malheur désormais sans espérance.

» Toutefois, comme on ne peut, dans le système d'une indemnité circonscrite par un chiffre invariable, donner aux uns sans diminuer la portion des autres, elle vous propose de restreindre le supplément de justice qu'elle vous demande, et de ne l'accorder qu'aux enfans nés de Françaises mariées avec des étrangers avant la restauration, et veuves ou descendantes d'émigrés, de déportés ou de condamnés, dont les pères auraient joui de la qualité de Français.

» Il y a en effet quelque chose d'équitable à distinguer, des autres étrangers, des enfans nés de françaises et de pères qui ont eux-mêmes été français pendant un certain temps, lorsque les enfans nés en France de parens étrangers peuvent réclamer la qualité de Français; et cette exception ainsi limitée n'a rien d'alarmant pour les prétendans à l'indemnité.

» Votre commission a donc l'honneur de vous proposer une nouvelle rédaction de cet art. 23, qui admet ces enfans à réclamer l'indemnité à défaut de leur mère. »

Elle n'a point jugé qu'il fût nécessaire de dire expressément dans l'article, ainsi que quelques personnes paraissaient le désirer, que ces dispositions n'étaient applicables qu'aux Françaises mariées avec des étrangers depuis le 1er. janvier 1792, et à leurs enfans. Il lui a semblé que le sens de la rédaction qu'elle a l'honneur de vous présenter était suffisamment clair, et que ces mots : *veuves ou descendans d'émigrés ou de condamnés*, supposaient nécessairement que les femmes qu'ils désignaient ne s'étaient mariées ou remariées qu'après l'émigration, la déportation ou la condamnation de leur premier ou de leur père ou aïeul.

Ainsi il est bien clairement, bien explicitement déclaré que des Françaises mariées à des étrangers, celles-là seules ont droit à l'indemnité, dont les mariages ont été contractés depuis le 1er. janvier 1792 jusqu'au 31 mars 1814; que ceux de leurs enfans qui sont habiles à recueillir leurs droits, doivent être nés d'un père ayant joui de la qualité de Français. Les autres Françaises, c'est-à-dire celles mariées depuis, suivent la condition de leurs maris, et leurs enfans ne sont point appelés.

Par cette disposition est doublement abrogée la loi du 4 germinal an II, qui défendait aux femmes et filles d'émigrés d'épouser un étranger ni de vendre leurs biens, sous peine d'être traitées comme émigrées.

Déjà la loi du 25 prairial an III avait abrogé

cette défense, sauf l'exécution des lois générales sur l'émigration.

ARTICLE 24.

« L'art. 1er. de la loi du 5 décembre 1814 con-
» tinuera de sortir son plein et entier effet. En
» conséquence, aucune des dispositions de la pré-
» sente loi ne pourra préjudicier en aucun cas aux
» droits acquis avant la publication de la charte
» constitutionnelle, et maintenus par ledit article,
» soit à l'État, soit à des tiers, ni donner lieu à
» aucun recours contr'eux. »

Cet article fut jugé indispensable par la commission de la chambre des pairs, à cause de l'introduction de l'article 22. La commission fut unanime dans son avis.

Allons chercher dans le rapport les raisons de la commission et l'esprit de l'article.

M. le comte Portalis s'exprime ainsi :

« Après avoir terminé l'exâmen du projet de loi, nous devions d'ailleurs nous demander s'il réunissait toutes les conditions que l'on est en droit d'exiger d'une loi de justice et de réconciliation.

» C'est dans ce but que nous avons cherché de nouveau à nous pénétrer de l'esprit général du projet, et que nous avons soigneusement interrogé toutes ses dispositions. Nous sommes ensuite remontés jusqu'aux actes précédemment intervenus sur la même matière depuis la restauration, pour les combiner entr'eux et avec le projet de loi.

» Il nous a semblé que la loi proposée avait essentiellement pour but d'effacer les traces de nos calamités; qu'elle devait être juste envers tous et protéger également tous les droits; que si, à la différence des autres lois, on pouvait admettre, jusqu'à un certain point, qu'elle agît sur le passé, cette rétroactivité d'exception devait s'exercer exclusivement au profit de la bienfaisance et de la justice; qu'elle ne pouvait atteindre la législation protectrice et salutaire qui a couvert de son égide les droits acquis et les intérêts nouveaux; que si elle libère définitivement l'État d'une dette sacrée, elle doit abolir en même temps ces différences, à-la-fois dommageables et affligeantes, établies par l'opinion entre les héritages, et qui, au grand détriment de la fortune publique, de l'union et de la paix intérieure, diminuent la valeur des uns sans accroître celle des autres; enfin que si elle rappelle, avec une triste solennité, des temps de douloureuse mémoire, ce doit être afin qu'il n'en soit désormais plus question dans nos lois, pour élever un mur d'airain entre l'irrévocable passé, le présent et l'avenir, pour imposer un éternel silence à toutes les réclamations que l'on prétendrait fonder sur les lois ou les actes du gouvernement relatifs à l'émigration, et pour éteindre, s'il est possible, de ces actes désastreux, jusqu'aux dangereux souvenirs.

» Si tel est, si tel doit être l'esprit général de la loi, ressort-il suffisamment de ses nombreuses dispositions ?

» Votre Commission s'est unanimement décidée pour la négation ; elle a l'honneur de proposer à vos seigneuries, pour remédier à cet inconvénient, un article additionnel qui serait le vingt-quatrième de la loi.

» Elle s'est convaincue de plus en plus de la nécessité de cette disposition, en rapprochant les uns des autres les actes successivement émanés, soit du trône, soit de la puissance législative, depuis la restauration, dans le but si désirable d'effacer toute différence entre les *Français qui gémissaient de l'absence du Roi dans l'intérieur, et ceux qui l'en consolaient au dehors.*

» Le premier de ces actes est l'ordonnance du Roi du 21 août 1824, dont nous venons d'emprunter les touchantes et paternelles expressions. Le Roi répète, dans le préambule de cette ordonnance, car il l'avait déjà dit dans le préambule de la charte constitutionnelle, *que le vœu le plus cher à son cœur est de voir vivre tous les Français en frères, sans que jamais aucun souvenir amer vienne troubler la sécurité qui doit suivre un acte aussi solennel.*

» Il déclare qu'en attendant la loi qu'il se propose de présenter aux deux chambres, sur la restitution des biens non vendus, il juge nécessaire de prononcer positivement l'abolition de toutes les inscriptions sur les listes d'émigrés encore subsistantes, *en réservant spécialement les droits des tiers, qui, en aucun cas, ne doivent être compromis.* En conséquence, il ordonne que ces inscriptions seront et demeureront abolies, *à compter du jour de la publication de la charte constitutionnelle*, et que tous les Français qu'elles désignaient exerceront les droits politiques garantis par la charte, et *jouiront des droits civils attachés à la qualité de citoyens, sous la réserve expresse des droits acquis à des tiers, et sans y préjudicier.*

» A cet acte de haute sagesse et de souveraine justice, ne tarda pas de succéder la loi du 5 décembre 1814.

» Le préambule de cette loi n'est pas moins remarquable que celui de l'ordonnance du 21 août qu'il rappelle. Le Roi y dit : « Dans les dispositions de cette loi, nous avons considéré le devoir que nous imposait l'intérêt de nos peuples, de concilier un acte de justice avec *le respect dû à des droits acquis par des tiers, en vertu de lois existantes, avec l'engagement que nous avons solennellement pris et que nous réitérons de maintenir les ventes des domaines nationaux;* enfin avec la situation de nos finances, patrimoine commun de la nombreuse famille dont nous sommes le père, et sur lequel nous devons veiller avec une sollicitude toute paternelle.

» La loi ordonne que les biens immeubles séquestrés ou confisqués pour cause d'émigration, qui n'avaient pas été vendus, et qui faisaient actuellement partie du domaine de l'État, seront rendus en nature à ceux qui en étaient propriétaires, ou à leurs héritiers ou ayant-cause.

» Néanmoins, une disposition première domine toutes les autres. Elle est ainsi conçue : *Sont maintenus et sortiront leur plein et entier effet, soit envers l'État, soit envers des tiers, tous jugemens et décisions rendus, tous actes passés, tous droits acquis avant la publication de la charte constitutionnelle, et qui seraient fondés sur des lois ou des actes du gouvernement relatifs à l'émigration.*

» Ainsi s'enchaînent, dans leurs dispositions successives, ces deux mémorables monumens de la législation royale ; ainsi commence et se continue l'œuvre de la restauration de la propriété, si intimement lié à la restauration de la monarchie ; ainsi commence et se continue la réhabilitation civile et politique pour la même cause, *pour la sainte cause de la patrie et du Roi*, soit qu'ils aient quitté la France au commencement de la révolution pour suivre les princes de la maison royale, ou qu'ils se soient arrachés au danger qui menaçait, dans le royaume, les fidèles serviteurs du Roi et les amis de l'ordre et de la monarchie, qu'après l'effroyable catastrophe du 10 août ; soit enfin que las de lutter sans succès contre l'anarchie et ses fureurs, ils n'aient cherché, par la fuite, à dérober leur tête aux échafauds, aux incendies et aux exterminations révolutionnaires, que postérieurement au 31 mai.

» Ainsi, après avoir commencé par rendre aux Français qui en étaient encore privés au jour de la restauration, la plénitude de leurs droits civils et politiques, le Roi et la loi remettent en possession de leurs biens non vendus, tous ceux qui avaient été frappés par les séquestres et les confiscations.

» Cependant, et l'ordonnance du 21 août et la loi du 5 décembre 1814 réservent en même temps les droits acquis à des tiers; ils les réservent, parce que le Roi les avait déjà déclarés inviolables; mais il les réservent encore parce que ces droits étaient placés sous la puissante garantie du droit de la nature et des gens. En effet, quelque vicieuse que soit l'origine d'un gouvernement, quelqu'injustes et illégitimes que puissent être ses actes dans leur principe, ils donnent naissance à des droits qui ne participent point à cette illégitimité. C'est pourquoi l'autorité légitime qui lui succède, est tenue d'acquitter les dettes qu'il a contractées dans l'intérêt de l'État; c'est pourquoi les justes récompenses qu'il a distribuées aux généreux guerriers qui ont versé leur sang pour la patrie, sont légitimement acquises; c'est ce qui fait enfin que les jugemens rendus en son nom demeurent exécutoires entre les parties, et que les lois qu'il a portées continuent de régir le passé.

» En effet, l'État subsiste toujours. Tous les actes intervenus dans son véritable intérêt doivent subsister avec lui; car cet intérêt est inséparable de celui du monarque légitime, qui, dépouillé pour un temps du libre exercice de sa puissance, ne cesse pas pour cela de faire cause commune avec la patrie. C'est ce qu'ont reconnu en termes exprès les empereurs Constantin et Théodose, relativement aux actes de *Licinius* et de *Maxime*, qui avaient tourné au profit et à l'utilité de l'empire. C'est ce que proclamait l'auguste et immortel auteur de la Charte, lorsque, dans une occasion solennelle, il prononça ces belles paroles, qui doivent trouver place parmi les monumens de notre droit public : « Je considère tous les services rendus à l'État en mon absence comme s'ils m'avaient » été rendus, de même que tous les services qui » m'ont été rendus durant cette époque, doi- » vent être considérés comme ayant été rendus à » l'État. »

» La loi proposée se rattache à l'ordonnance du 21 août et à la loi du 25 décembre 1814.

» Elle met le sceau aux dispositions bienfaisantes que nous venons de rappeler, elle en est le complément, elle doit, comme les actes qu'elle complète, confirmer les droits acquis. Une disposition spéciale est d'autant plus nécessaire que la loi actuelle étend les effets de la réhabilitation des émigrés ; qu'elle les affranchit sans réserve de l'interdiction dont ils avaient été frappés ; qu'elle reconnaît qu'ils n'ont jamais cessé d'être en possession de leurs droits, puisqu'elle constate que l'indemnité leur était due avant de leur être allouée; qu'elle ordonne l'exécution de leurs testamens, à quelqu'époque que la succession se soit ouverte, et qu'elle les considère comme également habiles à succéder dans tous les temps.

» Ce système est conséquent, sans doute, et il est sans inconvénient si on l'applique exclusivement à l'indemnité; mais il est inconciliable, à certains égards, soit avec l'esprit, soit avec la lettre, et de l'ordonnance du 21 août et de la loi du 25 décembre 1814.

» Cette ordonnance ne rendait point aux Français inscrits sur la liste des émigrés et qui avaient été rayés et éliminés, la jouissance de leurs droits civils pour le temps antérieur à leur radiation ou à leur élimination; et en vertu de ses dispositions, ceux qui n'avaient été ni rayés ni éliminés n'ont recouvré cette jouissance qu'à dater de la Charte constitutionnelle. Or, suivant la loi nouvelle, et relativement à l'indemnité, ces inscriptions sont considérées comme n'ayant jamais dû produire d'effet. Il importe de prévenir l'abus qu'on ne manquerait pas de faire de cette contradiction apparente.

» On objectera vainement que la loi proposée statue sur une matière spéciale.

» Cette loi, l'ordonnance du 21 août et la loi du 5 décembre 1814, appartiennent à un même ordre de dispositions. Elles ont un objet commun, la réintégration des émigrés, des déportés, des condamnés, dans leurs droits civils et de propriété. Il est naturel que l'on conclue des unes et des autres, et qu'on cherche à les expliquer en les combinant entr'elles, parce qu'à vrai dire elles ne forment qu'un seul corps de droit.

» De-là de savantes dissertations judiciaires, des traités profonds de métaphysique et de politique, dans le but d'établir que les dispositions de la loi du 5 décembre 1814, relatives aux jugemens, aux contrats, aux actes et aux droits acquis, n'avaient pour unique base que les dispositions des lois qui frappaient les émigrés d'incapacité; qu'aujourd'hui ces droits, ces jugemens et ces actes cessent d'être inattaquables, puisque ceux auxquels il était interdit de se pourvoir contr'eux sont relevés de toute incapacité par une loi nouvelle; que dès-lors ces jugemens, ces actes et ces contrats sont susceptibles d'être annulés, s'ils ne sont pas conformes aux lois sous l'empire desquelles ils sont intervenus; que désormais ce droit commun ne connaît plus de limites, et qu'un si grand nombre de Français, trop long-temps victimes de l'oppression, sont enfin affranchis du régime d'exception qui avait si injustement pesé sur eux pendant tant d'années.

» Un langage si plausible, nobles pairs, sera tenu, n'en doutez pas, si votre sagesse ne supplée par une disposition additionnelle au silence du projet de loi. Que disons-nous? il s'est déjà fait entendre; et si le gouvernement du Roi a pu croire, quand il a porté à la chambre des députés le premier projet de loi, que la disposition que nous demandons n'était pas nécessaire, il reconnaîtra sans doute aujourd'hui avec nous qu'elle est indispensable. »

Dans la séance du 21 avril 1825, cet article additionnel fut combattu vivement, et plus vivement, plus lumineusement soutenu, particulièrement par M. de Pontécoulant, qui démontra qu'il était le complément nécessaire de la loi; que l'utilité de cette loi nouvelle serait affaiblie si l'article n'était pas adopté; que la paix publique pourrait être troublée par les spéculations honteuses que l'apparition de cette grande mesure ne manquera pas de faire naître si l'on ne prend en même temps toutes les précautions nécessaires pour en arrêter l'effet; que le gouvernement dans l'autre chambre s'était déterminé à appuyer une disposition semblable, et que cela avait été un motif de plus pour la commission, qui a vu dans la démarche des conseillers du trône le résultat des renseignemens qui ont dû être recueillis sur l'État de l'opinion en France, et sur les conséquences que pourrait avoir la loi telle qu'elle était présentée, c'est-à-dire sans la disposition additionnelle qui en écarte tous les dangers, qui en conserve tous les avantages.

M. le commissaire du Roi et M. le ministre des finances adoptaient entièrement le principe posé par la commission; mais ils rejetaient le deuxième paragraphe de l'article, disant qu'il était redondant, en ce que l'article 1er. de la loi du 5 décembre 1814 était suffisant; que la deuxième partie de l'article proposé établit une garantie nouvelle, et qu'on ne pouvait dire que cette garantie est la confirmation d'une loi qui ne la comprenait pas. Il y avait évidemment contradiction entre l'adoption du principe de la commission, et le rejet de la conséquence.

M. Portalis justifia la disposition, en rappelant que les principes sur lesquels se fondait le projet de loi, tel qu'il était sorti de la chambre des députés, étaient la nullité de la confiscation, le droit actuel qui en est résulté pour les émigrés à l'obtention d'un dédommagement, et leur aptitude à recevoir et à transmettre nonobstant toutes les incapacités dont les lois révolutionnaires les avaient frappés; que les conséquences de ces principes, si elles étaient poussées à leur dernier terme, deviendraient alarmantes pour les tiers; qu'on pouvait en conclure que les actes passés avec eux par l'État, participaient à la nullité de la confiscation, et qu'un recours peut être ouvert aux émigrés contre ces actes; que quelque facile que fût la réponse à cet argument, l'inquiétude qu'il ferait naître n'en serait pas moins funeste; que la loi de 1814, qui prenait les choses dans l'état où elles se trouvaient, sans relever les anciens propriétaires d'aucunes des incapacités dont ils avaient été atteints, ne pouvait donner prétexte aux mêmes inquiétudes; et que dès-lors les précautions à prendre pour les calmer, pouvaient n'être pas aussi étendues; que les dispositions de l'article 1er. de cette loi suffisaient alors ; mais qu'elles deviennent insuffisantes aujourd'hui qu'un principe tout différent est introduit dans la loi proposée ; que c'est par ce motif, qu'en résumant dans l'article additionnel les dispositions principales de la loi du 5 décembre, la commission a proposé d'y ajouter ces mots : *ni donner lieu à aucun recours contr'eux ;* que cette addition était nécessaire, parce que la loi de 1814 ne parlait en rien du recours contre les tiers, impossible dans son système, et qui pourrait s'induire du principe de la loi nouvelle ; qu'elle ne confirme rien que ce que toutes les opinions veulent confirmer ; qu'elle a l'avantage de prévenir toute interprétation fâcheuse, n'empêche aucune transaction, mais donnera dans l'opinion publique à toutes celles qui interviendront, un caractère de liberté et de spontanéité, que peut-être elles n'obtiendraient pas sans cela ; qu'elle évitera toute lutte entre des passions qu'il faut calmer, assurera cette paix publique préférable quelquefois à la stricte justice ; qu'on peut dire, sans doute, qu'en réalité la disposition de l'article 1er. de la loi du 5 décembre 1814 suffisait pour donner aux tiers toutes les garanties nécessaires ; que la commission n'a jamais entendu contester cette vérité, mais qu'il n'en résulte point qu'il soit dangereux de rappeler une disposition sage et utile ; que toutes nos lois sont remplies de dispositions confirmatives des lois anciennes ; qu'en vain dirait-on qu'il suffit de ne pas les abroger ;

qu'il faut convenir que les meilleures lois finissent par s'effacer de la mémoire des peuples; qu'il est bon de les leur rappeler, surtout lorsque dans des lois nouvelles sur la même matière, on consacre des principes entièrement opposés à ceux des lois précédentes; que rien n'est donc à retrancher de la rédaction proposée par la commission; que la dernière partie de cette rédaction est peut-être celle qui offre le plus d'avantages; que la commission persiste à en demander l'adoption, et qu'elle espère que la chambre, en accueillant ce vœu, complètera le grand acte de justice qui fait l'objet de la loi proposée.

La rédaction de la commission fut adoptée par la chambre des pairs. La chambre des députés adopta aussi l'article avec l'importante addition des mots, *par l'État*, à l'article 1er., et la nouvelle rédaction de l'article 23.

Ainsi la loi est restreinte à son objet spécial, l'indemnité; elle ne peut être le prétexte d'aucunes actions, d'aucuns recours contre les nouveaux propriétaires par les anciens, dont les incapacités existantes avant la charte, sont à cet égard maintenues. Les dépossédés reçoivent le prix de leurs propriétés. Tout est consommé, les plaintes qu'ils élèveraient désormais contre les nouveaux propriétaires, seraient un trouble apporté à la paix publique, et regardées comme séditieuses.

FIN.

ORDONNANCE DU ROI

Qui détermine le mode d'exécution de la loi du 27 avril 1825, concernant l'Indemnité due par l'État aux Propriétaires de biens-fonds confisqués et vendus en vertu des lois sur les émigrés, les déportés et les condamnés.

A Paris, le 1er. Mai 1825.

Charles, par la grâce de Dieu, Roi de France et de Navarre, à tous ceux qui ces présentes verront, salut.

Vu la loi du 27 avril 1825, portant affectation d'un fonds de trente millions de rente au paiement de l'indemnité due par l'État aux Français dont les biens-fonds situés en France, ou qui faisaient partie du territoire français, au 1er. janvier 1792, ont été confisqués et aliénés en vertu des lois sur les émigrés, les déportés et les condamnés révolutionnairement;

Voulant déterminer le mode d'exécution de la loi, de manière à accélérer, autant qu'il est possible, les liquidations,

Sur le rapport de notre ministre secrétaire-d'état au département des finances,

Nous avons ordonné et ordonnons ce qui suit :

TITRE Ier.

Dispositions générales.

Art. 1er. Il sera procédé immédiatement par les directeurs des domaines dans les départemens, à la liquidation de l'indemnité due par l'État pour tous les biens-fonds confisqués et vendus révolutionnairement.

Ces liquidations seront faites au nom du propriétaire dépossédé, et serviront de base aux bordereaux à former sur les réclamations des parties, conformément aux dispositions contenues en la présente ordonnance.

Art. 2. Notre ministre secrétaire d'état des finances transmettra au directeur général de l'administration de l'enregistrement et des domaines, l'état des déductions à imputer sur l'indemnité due aux anciens propriétaires de biens-fonds confisqués et vendus révolutionnairement, ou à leurs représentans. Cet état sera adressé aux directeurs des domaines de chaque département. Il contiendra les dettes payées à la décharge du propriétaire dépossédé, excepté en ce qui concerne les sommes payées à titre de secours aux femmes et enfans, les gages de domestiques et autres paiemens de même nature faits en assignats et en exécution des lois des 8 avril 1792 et 12 mars 1793.

Art. 3. Le directeur général de l'enregistrement

et des domaines joindra à l'état qui lui aura été transmis par le ministre des finances, un tableau indicatif,

1°. Des soultes payées à la décharge des propriétaires dépossédés;

2°. Des sommes provenant de reliquats de décomptes, lesquelles ont été remises aux anciens propriétaires ou à leurs représentans en exécution de la loi du 5 décembre 1814, et des compensations opérées à leur profit pour des sommes dues par eux aux mêmes titres;

3°. Du montant des bons au porteur donnés en remboursement aux déportés et aux familles des condamnés, en exécution des décrets des 21 prairial et 22 fructidor an III, réduit en numéraire au cours du jour où la remise leur en a été faite.

Il prescrira aux directeurs de son administration dans les départemens où sont situés les biens vendus révolutionnairement, et qui proviennent d'engagemens ou autres aliénations du domaine royal, qui n'auraient été maintenus par les lois des 14 ventôse an VII et 28 avril 1816, qu'à la charge de payer le quart de la valeur desdits biens, d'en dresser un état général, afin qu'il soit fait déduction du quart sur l'indemnité due pour les mêmes biens.

Art. 4. Les préfets feront rechercher sans délai dans les archives du département, et classer à l'aide d'un répertoire alphabétique, les procès-verbaux d'expertise, d'adjudication ou de partage, et tous les autres actes administratifs concernant les biens-fonds confisqués ou aliénés en exécution des lois sur les émigrés, les déportés et les condamnés révolutionnairement, et qui devront être, ou consultés par les employés supérieurs des domaines, ou produits pour la vérification ou la constatation des relevés ou extraits d'après lesquels les décomptes d'indemnité auront été établis.

Un semblable travail aura lieu pour les titres des créances dont la liquidation a été faite dans les départemens.

TITRE II.

Des Demandes en indemnité, et des Pièces qui doivent y être annexées.

Art. 5. L'ancien propriétaire des biens-fonds qui, en exécution des lois sur les émigrés, les déportés et les condamnés révolutionnairement, ont été confisqués et aliénés, ou qui ont été, soit donnés aux hospices et autres établissemens de bienfaisance en remplacement de leurs biens vendus ou en paiement de dettes, soit affectés provisoirement à de semblables établissemens, soit concédés gratuitement à d'autres établissemens ou à des particuliers;

A défaut de l'ancien propriétaire, les Français qui étaient appelés par sa volonté ou par la loi à le représenter à l'époque de son décès; les héritiers qui, en cas de renonciation des héritiers naturels ou institués, auraient accepté la succession, ou ceux qui, par les arrangemens de famille, ont supporté la perte résultant de la confiscation ;

Les Françaises veuves ou descendantes d'émigrés, de déportés ou de condamnés révolutionnairement, lesquelles auraient contracté mariage avec des étrangers antérieurement au 1er. avril 1814, et leurs enfans nés de pères ayant joui de la qualité de Français,

Devront, pour obtenir l'indemnité, adresser une demande en liquidation au préfet du département de la situation des biens.

Art. 6. Toute demande en indemnité contiendra :

1°. Élection de domicile dans le département de la situation des biens-fonds ;

2°. Les noms et prénoms des individus sur lesquels les biens-fonds ont été confisqués ;

3°. La déclaration que le réclamant n'est pas rentré, depuis la confiscation, en la possession des mêmes biens, ou, s'il y est rentré, les indications contenues aux articles 13, 14 et 15 de la présente ordonnance.

Cette demande sera, en outre, appuyée des titres et pièces nécessaires pour établir la qualité d'ayant-droit à l'indemnité, conformément à ce qui va être indiqué.

Art. 7. Lorsque l'indemnité sera réclamée par l'ancien propriétaire, il devra justifier de sa qualité, en produisant ;

1°. Un extrait de son acte de naissance en due forme ;

2°. Un acte de notoriété, dressé par-devant le juge de paix de la situation des biens confisqués, ou du domicile du réclamant, signé par cinq témoins notables, et constatant son identité avec le propriétaire dépossédé.

Art. 8. Si la demande en indemnité est formée par les Français qui étaient appelés par la loi, ou par la volonté de l'ancien propriétaire, à le représenter à l'époque de son décès, les réclamans produiront, indépendamment de l'extrait de naissance de chacun d'eux, l'extrait des registres de l'état civil, constatant le décès du propriétaire dépossédé, et les actes servant à établir leurs droits à sa succession.

Les héritiers qui entendront se prévaloir de la renonciation qui aura été faite à la succession de l'ancien propriétaire par les héritiers naturels ou institués à l'époque de son décès, devront en outre produire une copie en due forme de l'acte de renonciation et la preuve de leur acceptation.

Art. 9. Les Françaises veuves ou descendantes d'émigrés, déportés ou condamnés révolutionnairement, que l'article 23 de la loi admet à participer à l'indemnité, bien que mariées avec des étrangers, lorsque le mariage a été contracté antérieurement au 1er. avril 1814, devront présenter, indépendamment des pièces mentionnées aux articles ci-dessus, une copie de leur acte de mariage, revêtue des légalisations nécessaires.

Art. 10. Les enfans des Françaises veuves ou descendantes d'émigrés, déportés ou condamnés révolutionnairement, qui sont nés de pères ayant joui de la qualité de Français, et que l'article 23 de la loi appelle également à jouir de l'indemnité, joindront à leur demande et aux titres établissant leurs droits, les actes authentiques constatant que leur père a possédé la qualité de Français, et l'acte de mariage de leur mère.

Art. 11. Lorsque la demande en indemnité sera fondée sur les dispositions du premier paragraphe de l'article 3 de la loi, les ascendans d'émigrés qui auront acquis de l'État, au prix de l'estimation déclarée, les portions de leurs biens-fonds attribuées à l'État par le partage de présuccession, devront, en même temps qu'ils requerront la liquidation de leur indemnité dans la forme indiquée aux articles 5, 6 et 7 de la présente ordonnance, faire la déclaration du rachat qu'ils ont effectué, et indiquer les noms et prénoms de ceux sur lesquels la confiscation a été opérée.

A défaut de l'ascendant acquéreur de l'État, celui ou ceux des héritiers qui, d'après les arrangemens de famille, auront supporté la perte, devront en faire la déclaration dans la demande qu'ils adresseront au préfet, et administrer la preuve des droits et qualités auxquels ils réclament.

Art. 12. Les légitimaires frappés de confiscation

dans les biens-fonds qu'ils avaient droit de réclamer pour leur légitime; à défaut des légitimaires, leurs représentans, devront réunir à leur demande et aux titres établissant leurs qualités et droits, l'indication des biens-fonds sur lesquels ils avaient droit de réclamer *en nature* leur légitime, et les noms et prénoms de l'aîné ou autre héritier institué qui a acquis les biens.

Art. 13. A l'égard de l'ancien propriétaire rentré en possession des biens confisqués sur lui; après les avoir acquis de l'État, soit directement, soit par ascendant, descendant, femme ou toute autre personne interposée, ou de l'héritier de l'ancien propriétaire qui a racheté directement de l'État les biens confisqués sur son auteur, la demande qu'ils adresseront au préfet, conformément aux articles 5, 6 et 7 de la présente ordonnance, devra en outre contenir la déclaration du rachat qu'ils ont effectué, et la désignation des noms et prénoms de la personne interposée.

Art. 14. Lorsque, par rachat fait à des tiers, l'ancien propriétaire sera rentré en possession de biens confisqués sur sa tête, soit par lui directement, soit par ascendant, descendant, femme ou toute autre personne interposée, ou lorsque l'héritier de l'ancien propriétaire sera rentré en possession des biens confisqués sur son auteur, par acquisition directe faite à l'État, la demande adressée au préfet, en conformité des articles 5, 6 et 7, en contiendra la déclaration; et pour que l'indemnité soit appréciée et réglée à une somme égale aux valeurs réelles payées au tiers vendeur, sans qu'elle puisse toutefois excéder l'allocation résultant de l'article 2 de la loi, le réclamant, indépendamment des titres servant à justifier de ses droits et qualités, devra produire,

1°. Dans le cas où l'ancien propriétaire lui-même ou son héritier aurait racheté directement à des tiers, une copie du contrat d'acquisition ayant date certaine;

2°. Si le rachat a été fait par personne interposée, ou par ascendant, descendant ou femme de l'ancien propriétaire, l'acte d'acquisition par la personne interposée et l'acte de rétrocession, l'un et l'autre en forme authentique ou ayant date certaine.

Art. 15. Les réclamans qui ne pourraient administrer la preuve des sommes qu'ils ont payées à des tiers pour le rachat des biens dans la possession desquels ils sont rentrés, devront, dans la demande en indemnité qu'ils adresseront au préfet, faire la déclaration de l'impossibilité où ils se trouvent de fournir les justifications nécessaires.

TITRE III.

De l'Enregistrement des Demandes en indemnité déposées à la Préfecture, et des Délais fixés pour leur admission.

Art. 16. Toute demande en indemnité parvenue à la préfecture sera aussitôt portée sur le registre spécial qui doit y être ouvert en exécution de l'article 20 de la loi. Ce registre, conforme au modèle ci-annexé, sera coté et paraphé par première et dernière par le préfet. Les réclamations y seront inscrites à la date et dans l'ordre de leur arrivée; chaque demande sera revêtue d'un *visa* signé par le secrétaire général, avec indication du numéro et de la date de l'enregistrement.

Le même registre servira également à constater successivement et d'une manière sommaire la suite donnée à chaque affaire jusqu'à sa conclusion.

Des extraits régulièrement certifiés de ce registre ou de l'enregistrement des demandes, seront délivrés à toutes personnes qui auront intérêt à les réclamer.

Art. 17. Aux termes de l'article 19 de la loi, les réclamations tendant à obtenir l'indemnité devront être formées, à peine de déchéance, dans le délai d'un an pour les habitans du royaume, de dix-huit mois pour ceux qui se trouvent dans les autres États de l'Europe, et de deux ans pour ceux qui se trouvent hors d'Europe.

En conséquence, à la fin du jour de l'expiration d'une année, à partir de la promulgation de la loi dans le département, le préfet sera tenu de clore et d'arrêter le registre des réclamations par un procès-verbal constatant l'heure de la clôture, et dont il adressera une ampliation à notre ministre secrétaire d'état des finances dans les vingt-quatre heures.

Art. 18. Ne seront plus admises à l'enregistrement,

1°. Les demandes en indemnité présentées après le délai d'un an jusqu'à celui de dix-huit mois, si elles ne sont accompagnées de la preuve authentique que le réclamant se trouvait dans les autres états de l'Europe au moment de la promulgation de la loi.

2°. Les demandes qui seront présentées après dix-huit mois jusqu'au terme de deux ans, à moins qu'elles ne soient accompagnées de la preuve authentique constatant qu'au moment de la promulgation de la loi le réclamant se trouvait hors d'Europe.

Art. 19. Aussitôt après la réception et l'enregistrement des demandes, le préfet les transmettra au directeur des domaines du département, chargé de préparer les élémens de la liquidation et de dresser en conséquence le bordereau de l'indemnité.

TITRE IV.

De la Réunion des Élémens de liquidation et de la Formation des Bordereaux d'indemnité par les Directeurs des domaines.

Art. 20. A la réception des demandes à lui transmises par le préfet, le directeur des domaines procédera à la formation du bordereau d'indemnité dans l'ordre des inscriptions sur le registre de la préfecture, et conformément à ce qui va être ci-après indiqué.

Art. 21. Si les biens-fonds ont été vendus en

exécution des lois qui ordonnaient la recherche et l'indication préalable du revenu de 1790 ou du revenu valeur de 1790, le bordereau contiendra l'énonciation du procès-verbal d'expertise ou d'adjudication, en ce qui concerne la date des lois ou décrets en vertu desquels l'aliénation a été faite, et celle des actes d'aliénation, les noms et prénoms des propriétaires dépossédés, la désignation des biens, l'évaluation de leur revenu, les causes de leur confiscation, et la fixation de l'indemnité à un capital égal à dix-huit fois le revenu, tel qu'il a été constaté par les procès-verbaux d'expertise ou d'adjudication.

Art. 22. Si la vente a été faite en vertu des lois antérieures au 12 prairial an III, qui ne prescrivaient qu'une simple estimation préalable, le bordereau contiendra l'énonciation du procès-verbal d'adjudication, en ce qui a rapport aux noms et prénoms du propriétaire dépossédé, à la date des lois en exécution desquelles les ventes ont été faites, à celle des actes de vente, à la désignation des biens aliénés, aux causes de la confiscation, à la date et au montant de la vente, et le règlement de l'indemnité en capital à une somme égale au prix de la vente réduit en numéraire au jour de l'adjudication, d'après le tableau de dépréciation des assignats dressé dans le département où étaient situées les propriétés vendues.

Art. 23. A l'égard des portions de biens attribuées à l'État par le partage de présuccession, qui ont été rachetées par l'ascendant d'un émigré, ou des portions de biens-fonds que des légitimaires frappés de confiscation avaient droit de réclamer, et dont le prix a été payé à l'État par un aîné ou autre héritier institué, le bordereau dressé par le directeur des domaines portera,

1°. Les énonciations de l'acte de liquidation et partage du patrimoine déclaré en exécution de la loi du 28 avril 1795 (7 floréal an III), en ce qui a rapport aux noms et prénoms de l'acquéreur et du propriétaire dépossédé, à la désignation des biens, aux causes de la confiscation, à la date et au montant de la vente;

2°. Le relevé fait sur les registres des domaines, constatant la nature des valeurs données en paiement, la date et le montant de chacun des versemens en principal et intérêts;

3°. Le règlement de l'indemnité à la valeur des sommes qui auront été payées à l'État, suivant l'application à chacune des sommes versées et à la date du versement, de l'échelle de dépréciation des départemens pour les assignats ou les mandats, et le tableau du cours pour les autres valeurs reçues en paiement.

Art. 24. Quant aux biens-fonds qui sont rentrés en la possession de l'ancien propriétaire, après avoir été rachetés de l'État, soit par l'ancien propriétaire directement, soit par ascendant, descendant, femme ou autre personne interposée, le bordereau devra comprendre l'énonciation de l'acte de vente relativement à la date de l'aliénation, aux noms, prénoms de l'acquéreur et du propriétaire dépossédé, aux rapports de parenté ou d'alliance existant entre eux, à la désignation et au prix de vente des biens, aux causes de la confiscation, à la nature des valeurs données en paiement, à la date et au montant de chacun des versemens en principal et intérêts, et la fixation de l'indemnité à la valeur réelle payée à l'État.

Art. 25. Si la demande en indemnité est présentée par des héritiers de l'ancien propriétaire rentrés dans la possession des biens confisqués sur lui, après les avoir acquis de l'État directement, l'indemnité sera réduite à la valeur des sommes payées à l'État, et le bordereau renfermera en conséquence les mêmes énonciations que celles dont il a été fait mention à l'article précédent.

Art. 26. Lorsque les anciens propriétaires seront rentrés en possession des biens confisqués sur leur tête après les avoir rachetés à des tiers, directement ou par ascendant, descendant, femme ou toute autre personne interposée, ou lorsque l'héritier de l'ancien propriétaire sera rentré en possession des biens confisqués sur lui et par acquisition directe faite à des tiers, le bordereau comprendra,

1°. Le montant de l'indemnité d'après les valeurs payées et les justifications fournies par le réclamant, conformément à l'article 14 de la présente ordonnance;

2°. Le montant de l'indemnité résultant de l'application des bases générales de la loi et des dispositions contenues à l'article 21 ou à l'article 22 de la présente ordonnance, suivant l'époque à laquelle la vente desdits biens a eu lieu;

3o. Et, en définitive, le réglement de l'indemnité à la moindre des deux sommes provenant de la double liquidation ci-dessus prescrite.

A défaut de justifications, la fixation de l'indemnité sera égale aux valeurs réelles formant le prix payé à l'État; et, en conséquence, le bordereau dressé par le directeur des domaines devra contenir les diverses indications contenues à l'article 23 ci-dessus.

Art. 27. A l'égard des biens qui ont été donnés aux hospices ou autres établissemens de bienfaisance, soit en remplacement de leurs propriétés aliénées, soit en paiement des sommes à eux dues par l'État, ainsi que des biens qui n'ont été que provisoirement affectés à des établissemens de bienfaisance, le directeur énoncera dans le bordereau la date de la confiscation, les noms et prénoms du propriétaire dépossédé, la date des lois et décrets en exécution desquels ont été faites les concessions, celles des actes de concession, le nom de l'établissement concessionnaire; la désignation des biens, le prix de l'estimation tel qu'il a été porté dans l'acte de concession, et la fixation de l'indemnité au montant de l'estimation en numéraire faite avant la cession.

Art. 28. En ce qui concerne les biens définitivement et gratuitement concédés par l'État, soit à des établissemens publics autres que des hospices et établissemens de bienfaisance, soit à des particuliers, le bordereau contiendra les énonciations portées à l'article précédent, s'il a été procédé à l'estimation avant la cession.

A défaut d'estimation antérieure à la cession, le directeur provoquera auprès du préfet l'expertise d'après laquelle sera établie la valeur desdits biens à l'époque de 1790, ou valeur de 1790. Les experts seront au nombre de trois : ils seront nommés par les ayant-droit à l'indemnité et par le préfet. Si le préfet et les parties ne peuvent s'entendre sur la nomination des trois experts, il y sera pourvu, conformément au Code de procédure civile, par le tribunal de la situation des biens. Expédition du procès-verbal d'expertise sera remise au directeur des domaines; le résultat en sera consigné au bordereau établi dans la forme indiquée à l'article précédent, et contenant le réglement de l'indemnité à un capital égal au montant de l'estimation d'après l'expertise contradictoire.

Art. 29. Lorsque les archives du département auront été détruites, cette circonstance devra être constatée par le préfet, et il sera suppléé aux procès-verbaux d'expertise ou l'adjudication et autres actes administratifs par les sommiers des receveurs des domaines.

Art. 30. Le bordereau présentera le décompte de la totalité de l'indemnité due à l'ancien propriétaire pour raison des biens confisqués sur sa tête et vendus révolutionnairement dans le même département.

Si, à défaut de l'ancien propriétaire, la demande en liquidation a été faite par un héritier ou autre ayant-droit, le nom de l'héritier ou de l'ayant-droit sera en outre porté dans le bordereau avec la désignation de la qualité en laquelle il agit, de la part qu'il réclame dans la liquidation de l'indemnité de l'ancien propriétaire, et le règlement de l'indemnité, réduit conformément aux dispositions de la loi, dans le cas où il se trouverait dans la situation prévue aux articles 25 et 26 de la présente ordonnance.

Art. 31. Mention sera faite, sur le bordereau de l'indemnité, de la somme due par l'ancien propriétaire ou par le réclamant, suivant les états de passif qui seront transmis par le directeur général des domaines, conformément aux dispositions de l'article 3 de la présente ordonnance. Si, d'après ces mêmes états, aucune dette n'est à imputer sur l'indemnité, mention en sera faite et certifiée au bordereau par le directeur des domaines.

Art. 32. Si la communication des pièces qui auront servi à la formation du bordereau d'indemnité, ou des titres de créances qui y sont mentionnés, est demandée par les parties, elle leur sera donnée sans déplacement, sur une demande adressée aux fonctionnaires et agens entre les mains desquels ces pièces ou titres se trouvent déposés.

Art. 33. Le directeur des domaines adressera au préfet les bordereaux d'indemnité en double expédition et toutes les pièces à l'appui, avec telles observations qu'il jugera utiles, soit sur les droits et qualités des réclamans, soit sur les justifications par eux produites, soit sur les bases adoptées pour la liquidation et la formation des bordereaux d'indemnité, et enfin sur tout ce qui peut être sujet à discussion ou à contestation.

TITRE V.

De la Communication des Bordereaux d'indemnité aux Réclamans; de la Vérification des Titres par le Conseil de préfecture, et de ses Avis.

Art. 34. Après le renvoi qui lui aura été fait du bordereau d'indemnité, le préfet en donnera copie aux réclamans, au domicile qu'ils auront élu dans le département, ainsi que de l'état des dettes mentionnées au bordereau, afin qu'ils aient à lui présenter leurs mémoires et observations.

Ces mémoires devront être accompagnés d'observations distinctes et séparées, ayant pour objet la lésion qui pourrait résulter pour les réclamans de l'application des dispositions générales de la loi, et qui porterait l'allocation à une somme moindre que dix-huit fois le revenu *réel* de 1790.

Art. 35. Aussitôt après que les observations ou

mémoires que les réclamans auraient à présenter, lui seront parvenus, le préfet, en conseil de préfecture, procédera, 1°. à la vérification des titres justificatifs des qualités et droits des réclamans, 2°. à l'examen des bases adoptées pour le règlement de l'indemnité, des énonciations du bordereau, et des observations des réclamans.

Il donnera sur le tout un avis motivé.

Art. 36. Le préfet, en conseil de préfecture, par un avis distinct et séparé, donnera son opinion sur le mérite des réclamations pour cause de lésion résultant pour les ayant-droit de la fixation de l'indemnité à un capital moindre de dix-huit fois le revenu *réel* de 1790.

Art. 27. Si, dans un bordereau, le montant de l'indemnité se trouve excédé ou seulement balancé par l'imputation des dettes du réclamant envers l'État, le bordereau, nonobstant ce résultat, devra être vérifié, discuté, et donner lieu à un avis du préfet en conseil de préfecture.

Art. 38. Ampliation certifiée de l'avis du préfet séant en conseil de préfecture, sera communiquée aux parties, dans les huit jours de sa date, au domicile par elles indiqué dans la demande.

Dans le même délai, cet avis, portant mention de la communication faite aux parties, sera adressé par le préfet à notre ministre secrétaire d'état des finances, avec toutes les pièces à l'appui, ensemble les mémoires et observations des réclamans concernant les résultats du bordereau.

Les observations que les réclamans pourraient avoir à présenter contre l'avis du conseil de préfecture, devront être adressées directement à notre ministre secrétaire d'état des finances.

Art. 39. Le conseil de préfecture se réunira trois fois par semaine, et plus fréquemment s'il est reconnu nécessaire, à l'effet de délibérer sur les demandes en indemnité : ses avis seront consignés sur un registre spécial.

Art. 40. Notre ministre secrétaire d'état des finances communiquera à l'administration des domaines, avant de les transmettre à la commission de liquidation, les bordereaux d'indemnité qui lui auront été envoyés par les préfets, et les mémoires ou observations que lui adresseraient les réclamans ; il fera vérifier s'il n'a pas été commis de double emploi ou d'omission dans la déduction des dettes portées aux états de passif dressés au ministère des finances ou à la direction générale des domaines.

TITRE VI.

De la Commission de liquidation, de ses Opérations et de l'Inscription des Rentes liquidées.

Art. 41. La commission de liquidation sera composée de vingt-six membres.

Les rapports seront faits à la commission par tous les maîtres des requêtes composant le service ordinaire de notre Conseil-d'État, à leur tour de rôle.

La voix du maître des requêtes rapporteur comptera dans les délibérations.

Art. 42. La commission sera divisée en cinq sections : elles seront présidées par un ministre d'État.

Il suffira de trois membres présens pour que les délibérations puissent avoir lieu ; en cas de partage, l'affaire sera renvoyée à toutes les sections réunies.

Art. 43. Il y aura près de la commission de liquidation un secrétaire général.

Dans chacune des cinq sections, un secrétaire-adjoint tiendra la plume, et rédigera le procès-verbal des séances.

Art. 44. La commission de liquidation recevra de notre ministre secrétaire d'état des finances les titres, bordereaux, états de passif, accompagnés des avis donnés tant par le préfet en conseil de préfecture que par l'administration des domaines, et des observations et mémoires produits par les réclamans.

Art. 45. Les communications faites à la commission par notre ministre secrétaire d'état des finances seront consignées sur un registre ; les réclamations seront examinées dans l'ordre de leur transmission.

Art. 46. La commission procédera d'abord à la reconnaissance des qualités et droits des réclamans.

Si elle pense que leurs titres soient insuffisans, que leur justification est irrégulière, ou s'il s'élève entre les réclamans des contestations sur leurs droits respectifs, la commission les renverra à se pourvoir devant l'autorité compétente pour faire statuer sur leurs qualités ou prononcer sur leurs prétentions.

Art. 47. Quand la justification des qualités et droits aura été reconnue suffisante, ou quand il aura été statué conformément à l'article précédent, la commission, après avoir vérifié qu'il a été donné copie aux parties des bordereaux et états de passif, procédera à la liquidation, conformément aux bases posées par la loi pour les différentes classes de biens confisqués ou vendus.

Art. 48. Les délibérations de la commission seront signées du président et du secrétaire général.

Il en sera adressé une copie à notre ministre secrétaire d'état des finances.

Art. 49. La communication à donner aux ayant-droit, conformément à l'article 13 de la loi, aura lieu par l'intermédiaire des préfets au domicile élu dans les demandes d'indemnité.

Art. 50. Après cette notification, les ayant-droit pourront requérir l'inscription immédiate de la rente liquidée à leur profit, en déclarant qu'ils n'entendent pas exercer de pourvoi. Leur demande contiendra en outre l'indication du département où ils veulent être payés des arrérages de la rente à inscrire en leur nom. A défaut de déclaration, la délivrance de l'inscription n'aura lieu qu'après l'expiration du délai accordé pour le pourvoi.

Ceux dont l'indemnité n'excéderait pas une rente de deux cent cinquante francs, pourront en réclamer l'inscription immédiate et intégrale, en affirmant qu'ils n'ont droit à aucune autre liquidation.

Art. 51. En cas de pourvoi pardevant nous en notre conseil d'état, soit par les ayant-droit, soit par notre ministre des finances, conformément aux dispositions de l'article 14 de la loi, il sera sursis à la délivrance de l'extrait d'inscription jusqu'à la décision à intervenir.

Art. 52. A la réception des déclarations voulues par l'article 50 ci-dessus, qui lui seront transmises par le préfet, notre ministre secrétaire d'état des finances fera procéder, par imputation sur le crédit de trente millions de rente qui lui est ouvert, à l'inscription intégrale des rentes de deux cent cinquante francs et au dessous. A l'égard de celles qui excéderaient cette quotité, il y sera procédé par cinquième à l'époque du 22 juin de chaque année, à partir de 1825, avec jouissance du jour de l'inscription autorisée.

Art. 53. La remise des extraits d'inscription sera faite aux ayant-droit, à Paris, par le directeur du grand-livre de la dette inscrite, au ministère des finances; dans les départemens, par le receveur général.

Art. 54. Notre ministre secrétaire d'état des finances prendra les mesures nécessaires pour que les indemnisés jouissent, pour toucher les arrérages de leurs rentes dans les départemens de leur résidence, des mêmes facilités qui sont accordées aux autres propriétaires de rentes.

Art. 55. La commission de liquidation, toutes les sections réunies, examinera les avis donnés par le préfet en conseil de préfecture sur la lésion éprouvée par les ayant-droit à l'indemnité. Lorsque le résultat des liquidations sera connu, elle vérifiera à quelle somme s'élèvent les fonds restés disponibles sur les trente millions de rente; et, afin de nous préparer les moyens de réparer les inégalités résultant des bases fixées par l'article 2 de la loi, elle nous présentera, avec un rapport sur ces travaux, un tableau indiquant la situation relative de tous les individus qui ont participé à l'indemnité.

TITRE VII.

Des Créanciers, et des Biens affectés provisoirement aux Hospices et autres Établissemens de bienfaisance.

Art. 56. Les oppositions qui seraient formées à la délivrance des incriptions de rente par les créanciers porteurs de titres antérieurs à la confiscation, non liquidés ni payés, et qui ne doivent avoir d'effet que pour le capital des créances, seront, dans tous les cas, signifiées à Paris au ministère des finances (bureau des oppositions).

Ces oppositions et celles que pourraient former des créanciers porteurs de titres postérieurs à la confiscation, seront faites dans les formes prescrites par les lois des 19 février 1792 et 30 mai 1793, et par le décret du 18 août 1807.

Art. 57. A l'égard des biens-fonds qui n'ont été que provisoirement affectés aux hospices et autres établissemens de bienfaisance, et qui, aux termes de l'article 8 de la loi du 5 décembre 1814, doivent être restitués après que ces établissemens auront reçu un remplacement de dotation égal à la valeur de ces biens, si les anciens propriétaires ou leurs représentans veulent rentrer en possession desdits biens, moyennant la remise à l'établissement détenteur, d'une inscription de rente trois pour cent dont le capital sera égal au montant de l'estimation due aux réclamans à titre d'indemnité, l'ancien propriétaire ou ses représentans feront connaître au préfet de la situation des biens, aussitôt après la liquidation de leur indemnité, l'intention où ils sont de rentrer en possession desdits biens, dont ils indiqueront la nature et le détenteur actuel : ils produiront en même temps la décision de la commission sur l'indemnité liquidée à leur profit.

Art. 58. Communication de leur réclamation sera donnée à l'administration de l'établissement détenteur, laquelle vérifiera si elle possède à titre provisoire, et dans ce cas prendra une délibération conforme aux intentions du réclamant, et la transmettra au préfet avec une copie dûment certifiée de l'acte de concession provisoire.

Après examen des pièces à lui adressées, le préfet prendra, sauf l'approbation du ministre de l'intérieur, un arrêté à l'effet d'ordonner la remise des biens-fonds aux ayant-droit, mais sous la réserve qu'elle ne sera effectuée que lorsque l'hospice aura reçu l'inscription de la rente qui lui est attribuée.

Art. 59. En cas de contestation sur les titres, et si l'administration de l'établissement prétend ne pas jouir à titre provisoire, la contestation sera portée devant le ministre de l'intérieur, sauf le recours devant nous en notre Conseil d'état.

Art. 60. Les préfets feront imprimer la présente ordonnance au recueil des actes administratifs, et ils y joindront le tableau de dépréciation des assignats et des mandats qui a été dressé dans chaque département, en exécution de la loi du 23 juin 1797 (5 messidor an V).

Art. 61. Conformément à la loi du 26 frimaire an VIII, relative aux actes à produire pour la liquidation de la dette publique, les actes sous seing privé tendant uniquement à la liquidation de l'indemnité, et en tant qu'ils serviront aux opérations de la liquidation, sont dispensés de la formalité du timbre et de l'enregistrement.

Les actes des administrations et ceux de la commission de liquidation sont dispensés des mêmes formalités.

Art. 62. Conformément à l'article 9 de la loi du 17 floréal an VII, relative au paiement de la dette publique, l'indemnité sera liquidée en francs, c'est-à-dire, un franc par livre, sans modification ni réduction.

Art. 63. Notre ministre secrétaire d'état des finances est chargé de l'exécution de la présente ordonnance, qui sera insérée au Bulletin des lois.

Donné à Paris, au château des Tuileries, le 1er, jour du mois de Mai de l'an de grâce 1825, et de notre règne le premier.

Signé CHARLES.

Par le Roi : *le Ministre secrétaire d'état des finances,*

Signé JH. DE VILLÈLE.

DÉPARTEMENT d

Registre des Demandes en indemnité parvenues à la Préfecture du département, servant à constater l'époque de la présentation des demandes et la suite donnée à chaque affaire.

Le présent registre, ouvert en exécution de l'article 20 de la loi du 27 avril 1825, et contenant feuillets, celui-ci compris, a été coté et paraphé par nous secrétaire général de la préfecture du département d conformément aux dispositions de l'article 5 de l'ordonnance du Roi en date du 1er. mai 1825.

A l'hôtel de la préfecture, le 1825.

(*Suit le Tableau.*)

DEMANDES EN INDEMNITÉ.

DATE et numéro de l'enregistrement.	NOMS et prénoms du propriétaire dépossédé.	RÉCLAMANS.		PIÈCES JOINTES à l'appui de la demande, et date de la transmission au directeur des domaines.
		Nom, prénoms et domicile élu dans le département.	QUALITÉ sur laquelle la demande est fondée.	

SUITE ET RÉSULTAT DES DEMANDES.

		REMARQUES et observations.
Résultat du bordereau établi par le directeur des domaines. ——— *Ordonnance, art. 20 et suivans.*	Nombre de pièces jointes. . . Montant brut de l'indemnité. Passif à déduire d'après l'état de déduction transmis par le directeur général de l'administration des domaines. . . RÉSULTAT. . . . . Date de la réception du bordereau à la préfecture. . . .	
Communication du bordereau aux réclamans. ——— *Ordonnance, art. 34 et suivant.*	Date de l'envoi par le préfet aux réclamans. . . . . Date de la réception à la préfecture, des mémoires et observations adressés par les réclamans.	
Avis du conseil de préfecture. ——— *Ordonnance, art. 36 et suivans.*	Date des avis du conseil. . . . Date de la communication aux parties. . . . . Date de l'envoi au ministre, et indication des pièces jointes.	
Liquidation par la commission. ——— *Ordonnance, art. 41 et suivans.*	Date des décisions intervenues. . . . . Résultat en rente de la liquiquidation. . . . . Date de la notification aux réclamans. . . . . Date de la réception à la préfecture, des déclarations à faire par les réclamans. . . . Date de la transmission de ces déclarations au ministre. . .	

Vu pour être annexé à l'Ordonnance du Roi en date du 1er. mai 1825.

Le Ministre secrétaire d'état des finances,

Signé JH. DE VILLÈLE.

ORDONNANCE DU ROI

Portant organisation de la Commission chargée de liquider l'Indemnité due aux Français dont les biens-fonds ont été confisqués et vendus révolutionnairement.

Au château des Tuileries, le 8 Mai 1825.

CHARLES, par la grâce de Dieu, Roi de France et de Navarre ;

Vu la loi du 27 avril 1825 ;

Vu l'ordonnance royale du 26 août 1824, portant organisation du conseil d'état ;

Vu notre ordonnance du 1er. de ce mois, et spécialement les articles 41, 42 et 43 ;

Sur le rapport de notre ministre secrétaire d'état des finances,

Nous avons ordonné et ordonnons ce qui suit :

Art. 1er. Sont nommés membres de la commission chargée de la liquidation de l'indemnité due aux Français dont les biens-fonds ont été confisqués et vendus révolutionnairement,

Notre cousin le maréchal duc de Tarente, président ;

Les sieurs

Marquis de Lally-Tolendal, ministre d'état.

Comte de Vaublanc, *idem.*

Comte Dupont, *idem.*

Comte Beugnot, *idem.*

Duc de Narbonne-Pelet, *id.*

Duc de Brissac, pair de France.
Vicomte Dambray, *idem.*
Comte de Laforest, *idem.*
Comte d'Haubersart, *idem.*
Comte de Breteuil, *idem.*
Calemard-Lafayette, député.
Dufougeray, *idem.*
Fouquier-Long, *idem.*
Ollivier, *idem.*
De Maquillé, *idem.*
De Blaire, conseiller d'état.
Chevalier de Brevannes, *id.*
De Vérigny, *idem.*
Marquis de Saint-Géry, *id.*
Baron de Fréville, *idem.*
Baron de Guilhermy, *idem.*
Henri de Longuève, *idem.*
Delaporte-Lalanne, *idem.*
Dupleix de Mézy, *idem.*
Baron Camus-Dumartroy, *idem.*

Art. 2. Conformément aux dispositions de notre ordonnance du 1er. de ce mois, la commission sera divisée en cinq sections, composées chacune comme suit :

Première Section.

Les sieurs
Marquis de Lally-Tolendal, président.
Comte de Laforest, pair de France.
Ollivier, député.
De Vérigny, conseiller d'état.
Baron de Guillermy, président de la cour des comptes.

Seconde Section.

Les sieurs
Comte Dupont, ministre d'état, président.
Duc de Brissac, pair de France.
Dufougeray, député.
Chevalier de Brevannes, conseiller d'état.
Delaporte-Lalanne, *idem.*

Troisième Section.

Les sieurs
Comte de Vaublanc, ministre d'état, président.
Vicomte Dambray, pair de France.
Fouquier-Long, député.
Marquis de Saint-Géry, conseiller d'état.
Henri de Longuève, *idem.*

Quatrième Section.

Les sieurs

Comte Beugnot, ministre d'état, président.
Comte de Breteuil, pair de France.
De Maquillé, député.
Baron de Fréville, conseiller d'état.
Dupleix de Mézy, *idem*.

Cinquième Section.

Les sieurs

Duc de Narbonne-Pelet, ministre d'état, président.
Comte d'Haubersart, pair de France.
Calemard-Lafayette, député.
De Blaire, conseiller d'état.
Baron Camus-Dumartroy, *idem*.

Art. 3. L'examen des liquidations opérées dans les départemens sera réparti entre les sections, suivant l'ordre de service établi dans l'administration centrale des domaines. En conséquence,

La première section prononcera sur toutes les liquidations opérées dans les départemens de l'Aube, d'Eure-et-Loir, de la Marne, de la Seine, de Seine-et-Marne, de Seine-et-Oise, de l'Yonne, d'Indre-et-Loire, de Loir-et-Cher, du Loiret, du Cher, de l'Indre et de la Nièvre;

La seconde, sur les liquidations des départemens de l'Aisne, de l'Oise, de la Somme, de l'Eure, de la Seine-Inférieure, du Calvados, de la Manche, de l'Orne, de Maine-et-Loire, de la Mayenne, de la Sarthe, des Côtes-du-Nord, du Finistère, d'Ille-et-Vilaine, de la Loire-Inférieure et du Morbihan;

La troisième, sur les liquidations des départemens de la Charente-Inférieure, des Deux-Sèvres, de la Vendée, de la Vienne, de la Charente, de la Dordogne, de la Gironde, du Gers, du Lot, de Lot-et-Garonne, des Landes, des Basses-Pyrénées, des Hautes-Pyrénées, de l'Ariége, de la Haute-Garonne, du Tarn, de Tarn-et-Garonne, de l'Aude, de l'Aveyron, de l'Hérault et des Pyrénées-Orientales;

La quatrième, sur les liquidations des départemens de la Côte-d'Or, de la Haute-Marne, de Saone-et-Loire, du Doubs, du Jura, de la Haute-Saône, de la Meurthe, de la Meuse, des Vosges, des Ardennes, de la Moselle, du Bas-Rhin, du Haut-Rhin, du Nord et du Pas-de-Calais;

La cinquième, sur les liquidations des départemens de la Corrèze, de la Creuse, de la Haute-Vienne, de l'Allier, du Cantal, de la Haute-Loire, du Puy-de-Dôme, de l'Ain, de la Loire, du Rhône, des Hautes-Alpes, de la Drôme, de l'Isère, de l'Ardèche, du Gard, de la Lozère, de Vaucluse, des Basses-Alpes, des Bouches-du-Rhône, du Var et de la Corse.

Art. 4. Les dispositions contenues au précédent article ne feront pas obstacle à ce que les bordereaux formés au nom d'un même ayant-droit dans plusieurs départemens, et dont l'examen est attribué à diverses sections, ne soient compris dans une seule liquidation.

Dans ce cas, ils seront soumis à celle des sections qui, à raison de la situation des biens-fonds donnant ouverture à l'indemnité, était appelée à connaître de la plus forte réclamation.

Art. 5. Les membres de la commission attachés au service ordinaire de notre Conseil d'état s'abstiendront de prendre part aux délibérations du Conseil d'état dans les affaires où ils auront déjà émis une opinion en leur qualité de membres de la commission.

Les maîtres des requêtes ne pourront également être nommés rapporteurs auprès du Conseil d'état dans les affaires dont ils auront connu devant la commission de liquidation.

Art. 6. Le sieur vicomte Harmand d'Abancourt, membre de la Chambre des députés, maître des requêtes en notre Conseil d'état, est nommé secrétaire général de la commission de liquidation.

Les secrétaires adjoints seront nommés par notre ministre des finances.

Art. 7. Notre ministre secrétaire d'état des finances est chargé de l'exécution de la présente ordonnance, qui sera insérée au Bulletin des lois.

Donné au château des Tuileries, le huitième jour du mois de mai de l'an de grâce 1825, et de notre règne le premier.

Signé CHARLES.

Par le Roi : *le Ministre Secrétaire-d'état des finances,*
Signé JH. DE VILLÈLE.

LOIS

Dont la Loi d'indemnité rappelle l'application, pour les successions ouvertes pendant les années où elles furent en vigueur, et les droits acquis sous leur empire.

Extrait de la loi du 8 Avril 1792.

Art. 1er. Les biens des Français émigrés, et les revenus de ces biens sont affectés à l'indemnité due à la nation.

Art. 20. Lorsqu'un créancier résidant en France sera fondé, en vertu d'un titre authentique, antérieur à la promulgation du décret du 9 février dernier, à faire vendre un immeuble appartenant à son débiteur émigré, il pourra, un mois après le commandement fait au domicile connu du débiteur émigré, et dénoncé au procureur-général-syndic du département, provoquer d'abord l'estimation, et ensuite la vente de l'immeuble, dans la forme prescrite pour l'aliénation des domaines nationaux, en observant toutefois de faire publier chacune des affiches dans le lieu de la situation de l'immeuble, et dans celui du dernier domicile connu de l'émigré.

Art. 22. Les ventes faites suivant les formes prescrites par l'article 20, purgeront toutes les hypothèques autres que l'hypothèque nationale. *Les droits des créanciers seront conservés par des oppositions formées entre les mains du conservateur des hypothèques, ou en celles des receveurs du droit d'enregistrement, antérieurement à l'adjudication définitive.*

Extrait du Décret du 28 Mars 1793.

SECTION II.

Art. 3. Les effets de la mort civile, dont la nation a frappé les émigrés, ne pourront être opposés à la république; en conséquence toutes les substitutions dont les émigrés ont été grevés, sont ouvertes au profit de la nation.

Loi relative aux Domaines congéables du 9 Brumaire an VI.

Art. 1er. Les décrets de l'assemblée législative des 23 et 27 août 1792, sur la tenure convenancière, celui du 29 floréal an II, rédigé définitivement le 2 prairial suivant, et toutes autres lois qui feraient la suite de celle du 27 août 1792, sont abrogés.

Art. 2. Le décret rendu par l'assemblée constituante les 30 mai, 1er., 6 et 7 juin 1791, sera exécuté selon sa forme et teneur : en conséquence, tous les propriétaires fonciers des domaines congéables sont maintenus dans la propriété de leurs tenures, conformément aux dispositions dudit décret.

Extrait du Décret du 7 Juin 1791.

Art. 1er. Les concessions ci-devant faites dans les départemens du Finistère, du Morbihan et des côtes du Nord, par les propriétaires fonciers aux domaniers, sous les titres de baux à convenant ou domaines congéables et de baillée, ou de renouvellement d'iceux, continueront d'être exécutées entre les parties qui ont contracté sous cette forme, leurs représentans ou ayant-cause, mais seulement sous les modifications et conditions ci-après exprimées; et ce nonobstant les usemens de Rohan, Cornouailles, Broüères, Treguier et Gouello, et tous autres qui seraient contraires aux règles ci-après exprimées; lesquels usemens sont, à cet effet, et demeureront abolis, à compter du jour de la publication du présent décret.

Art. 2. Aucun propriétaire foncier ne pourra, sous prétexte des usemens dans l'étendue desquels les fonds sont situés, ni même sous prétexte d'aucune stipulation insérée au bail à convenant ou dans la baillée, exiger du domanier aucuns droits ou redevances convenancières de même nature et qualité que les droits féodaux supprimés, sans indemnité, par les décrets du 4 août 1789 et jours suivans, par le décret du 15 mars 1790 ou autres subséquens, et notamment l'obéissance à la ci-devant justice ou juridiction du foncier, le droit de suite à son moulin, la collecte du rôle de ses rentes et cens, et le droit de déshérence et chute.

Art. 3. Pourront les domaniers, nonobstant tous usemens ou stipulations contraires, aliéner les édifices et superficies de leurs tenures, pendant la durée du bail, sans le consentement du propriétaire foncier, et sans être sujets aux lods et ventes; et leurs héritiers pourront diviser entre eux les édifices et superficies sans le consentement du propriétaire foncier, sans préjudice de la solidarité de la redevance ou des redevances dont lesdites tenures sont chargées.

Art. 9. Dans toutes les successions directes ou collatérales qui s'ouvriront à l'avenir, les édifices et superficies des domaniers seront partagés comme immeubles, selon les règles prescrites par la coutume de Bretagne, et par les décrets déjà promulgués ou qui pourront l'être par la suite comme lois générales pour tout le royaume.

Il en sera de même pour le douaire des veuves des domaniers, pour les sociétés conjugales, et pour tous les autres cas; les édifices et superficies n'étant réputés meubles qu'à l'égard des propriétaires fonciers.

Art. 16. Seront, au surplus, les conventions que les parties (le propriétaire et le domanier) auront faites, subordonnées aux lois générales du royaume, établies ou à établir pour l'intérêt de l'agriculture relativement aux baux à ferme, en ce qui sera applicable au bail à convenant.

Extrait de la loi du 9 Floréal an III.

Art. 20. Les citoyens qui voudront racheter de la république, au prix de l'estimation déclarée, les portions de leurs anciens biens réunies à ses domaines en vertu du présent décret, sont admis à en faire leur soumission dans les deux décades de l'arrêté.

Elle embrassera la totalité des articles ou ne sera pas reçue.

Art. 21. Après vingt jours d'affiche dans les chefs-lieux du district et du canton du domicile, et dans toutes les communes de la situation des biens, le Directoire leur passera vente à ce prix, payable moitié comptant, l'autre moitié dans six mois, à moins qu'il ne soit parvenu pendant l'affiche une offre du quart en sus.

Art. 25. Au moyen des dispositions ci-dessus, toute législation relative aux familles des émigrés est abolie, et la nation renonce à toutes les successions qui pourraient leur échoir à l'avenir, tant en ligne directe que collatérale, n'entendant recueillir que celles ouvertes jusqu'à ce jour.

Nota. Par l'art. 25, l'art. 3 de la loi du 28 mars 1793 se trouvait abrogé quant à celles de ses dispositions qui déclaraient la république héritière pendant cinquante ans au lieu et place des émigrés.

Extrait du décret du 21 Prairial an III, qui détermine le mode de restitution des Biens des condamnés.

SECTION II.

Art. 21. Les ventes de meubles et immeubles des condamnés, faites antérieurement à la promulgation du décret de surséance du 30 ventôse, sont confirmées. Le prix seul qui a été ou qui sera payé au trésor public, sera restitué au conjoint ou aux héritiers du condamné.

Art. 24. La totalité des remboursemens à faire par la république, en exécution de la présente loi, sera faite en bons au porteur, admissibles en paiement des biens d'émigrés seulement.

Extrait du décret du 22 Fructidor an III qui détermine le mode de remise des Biens des prêtres déportés.

Art. 4. Les héritiers présomptifs seront ceux qui, au moment de la déportation ou réclusion, auraient succédé auxdits ecclésiastiques s'ils étaient morts naturellement.

Art. 5. En ce qui concerne les ventes faites des biens meubles et immeubles desdits ecclésiastiques, le paiement du restant du prix, la restitution de ce qui reste en nature, le remboursement auxdits individus et à leurs héritiers de ce qui a été ou devra être exigé ou perçu au nom de la république, les perceptions de fruits, frais de séquestre, abus ou dilapidations, on se réglera sur les dispositions de la section seconde de la loi du 21 prairial dernier, relative au mode de restitution des biens des condamnés.

Loi du 20 Prairial an IV qui établit un mode pour statuer sur le prédécès de plusieurs individus se succédant de droit, et morts dans la même exécution.

Art. 1. Lorsque des ascendans, des descendans et autres personnes qui se succèdent de droit, auront été condamnés au dernier supplice, et que mis à mort dans la même exécution, il devient impossible de constater le prédécès, le plus jeune des condamnés sera présumé avoir survécu.

Extrait du Décret du 15 Mars 1790.

TITRE Ier.

Art. 11. Tous priviléges, toute féodalité et nobilité de

bien étant détruits, les droits d'aînesse et de masculinité, à l'égard des fiefs, domaines et alleux nobles, et les partages inégaux, à raison de la qualité des personnes, sont abolis. En conséquence, toutes les successions, tant directes que collatérales, tant mobilières qu'immobilières qui échoiront, à compter de la publication du présent décret, seront, sans égard à l'ancienne qualité noble des biens et des personnes, partagées entre les héritiers, suivant les lois, statuts et coutumes qui règlent les partages entre tous les citoyens.

Sont exceptés de la disposition ci-dessus, ceux qui sont actuellement mariés ou veufs avec enfans, lesquels, dans les partages à faire entre eux et leurs co-héritiers de toutes les successions directes et collatérales qui pourront leur échoir, jouiront de tous les avantages que leur attribuent les anciennes lois.

Les puînés et les filles, dans les coutumes où ils ont eu jusqu'à présent, sur les biens tenus en fief, plus d'avantages que sur les biens non féodaux, continueront de prendre dans lesdits ci-devant fiefs, les parts à eux assignées par lesdites coutumes, jusqu'à ce qu'il ait été déterminé un mode définitif et uniforme de succession pour tout l'empire.

Extrait du Décret du 8 *Avril* 1791.

Art. 1er. Toute inégalité ci-devant résultante, entre héritiers *ab intestat*, des qualités d'aînés ou de puînés, de la distinction des sexes ou des exclusions coutumières, soit en ligne directe, soit en ligne collatérale, est abolie. Tous héritiers en égal degré succéderont par portions égales aux biens qui leur seront déférés par la loi. Le partage se fera de même par portions égales dans chaque souche, dans le cas où la représentation est admise.

En conséquence, les dispositions des coutumes et statuts qui excluaient les filles ou leurs descendans du droit de succéder avec les mâles, ou les descendans des mâles, sont abrogées.

Sont pareillement abrogées les dispositions des coutumes qui, dans le partage des biens tant meubles qu'immeubles d'un même père ou d'une même mère, d'un même aïeul ou d'une même aïeule, établissent des différences entre les enfans nés de divers mariages.

Art. 3. La représentation aura lieu à l'infini en ligne directe descendante, dans toutes les coutumes, savoir : dans celles qui la rejettent définitivement, à compter du jour de la publication du présent décret, et dans celles qui la rejettent seulement pour les personnes et les biens ci-devant nobles, à compter du jour de la publication du décret du 15 mars 1790.

Art. 4. Les dispositions de l'art. 1er. auront leur effet dans toutes les successions qui s'ouvriront après la publication du présent décret, sans préjudice des institutions contractuelles ou autres qui ont été légitimement stipulées, soit par contrats de mariage, soit par articles de mariage, dans les pays où ils avaient force de contrats, lesquelles seront exécutées conformément aux anciennes lois.

Art. 5. Seront pareillement exécutées, dans les successions directes et collatérales, mobilières et immobilières, les exceptions contenues en la seconde partie de l'art. 11 du décret du 15 mars 1790, en faveur des personnes mariées ou veuves avec enfans; et ces exceptions auront lieu pour toutes espèces de biens.

Art. 6. Lesdites exceptions ne pourront être réclamées que par les personnes qui, à l'ouverture des successions, se trouveront encore engagées dans des mariages contractés avant la publication du décret du 15 mars 1790, s'il s'agit de biens ci-devant féodaux ou autres sujets au partage noble; et avant la publication du présent décret, s'il s'agit d'autres biens, ou auxquelles il restera des enfans ou petits-enfans issus de leurs mariages antérieurs à ces époques respectives.

Décret du 8 Septembre 1791.

A l'avenir, dans les testamens et autres actes de dernière volonté, que les notaires recevront, lorsque les testateurs ou les témoins ne sauront ou ne pourront signer, lesdits notaires seront tenus de faire mention formelle de la réquisition par eux faite aux testateurs ou témoins de signer, et de leur déclaration ou réponse de ne pouvoir ou savoir signer : le tout à peine de nullité des testamens ou autres actes de dernière volonté, dans lesquels ladite mention aurait été omise.

Décret du 5 Septembre 1791.

Toute clause impérative ou prohibitive qui serait contraire aux lois ou aux bonnes mœurs, qui porterait atteinte à la liberté religieuse du donataire, héritier ou légataire, qui gênerait la liberté qu'il a, soit de se marier à telle personne, soit d'embrasser tel état, emploi ou profession, ou qui tendrait à le détourner de remplir les devoirs imposés par la constitution, est réputée non écrite.

Décret du 25 Août 1792.

L'assemblée nationale décrète qu'à compter de ce jour il n'est plus permis de substituer.

Décrets des 26 Octobre et 14 Novembre 1792.

Art. 1er. Toutes substitutions sont interdites et prohibées pour l'avenir.

Art. 2. Les substitutions faites avant la publication du présent décret, par quelques actes que ce soit, qui ne seront pas ouvertes à l'époque de ladite publication, sont et demeurent abolies et sans effet.

Art. 3. Les substitutions ouvertes lors de la publication

du présent décret, n'auront d'effet qu'en faveur de ceux seulement qui auront alors recueilli les biens substitués, ou le droit de les réclamer.

Décret du 4 Janvier 1793.

La Convention nationale, après avoir entendu le rapport de son comité de législation sur l'abolition du droit d'aînesse, réservé par les précédens décrets dans les successions *ab intestat*, en faveur des personnes mariées ou veuves ayant enfans, décrète que les exceptions portées dans la seconde partie de l'article 11 du décret du 15 mars 1790, et aux articles 5, 6, 7, 8 et 9 de la loi du 8 avril 1791, en faveur des personnes mariées ou veuves ayant enfans, sont abrogées. Le surplus desdites lois sera exécuté selon sa forme et teneur.

Extrait de la loi du 18 Pluviose an V.

Art. 11. Néanmoins les personnes mariées ou veuves avec enfans, aux époques du décret du 15 mars 1790, ou de celui du 8 avril 1791, ainsi que les enfans de ces mêmes personnes décédées depuis lesdites époques, conserveront, à l'égard des filles exclues ou renonçantes, les avantages qui leur étaient assurés par lesdits décrets, jusqu'à la publication de la loi du 4 janvier 1793, qui a abrogé lesdites réserves.

Nota. Cet article fut spécialement décrété pour détourner toute idée d'effet rétroactif que quelques-uns donnèrent au décret du 4 janvier 1793, et dégager de toute obscurité les droits des compris dans les exceptions déterminées dans l'article 11 de la loi du 15 mars 1790, maintenues par la loi du 8 avril 1791, quant aux successions ouvertes avant la publication de la loi du 4 janvier 1793.

Décret du 7 Mars 1793.

La Convention décrète que la faculté de disposer de ses

biens, soit à cause de mort, soit entre vifs, soit par donation contractuelle en ligne directe, est abolie. En conséquence, tous les descendans auront un droit égal sur le partage des biens de leurs ascendans.

Extrait de la loi du 5 Brumaire an II.

Art. 1er. Est réputée non écrite toute clause impérative ou prohibitive insérée dans les actes passés même avant le décret du 5 septembre 1791, lorsqu'elle est contraire aux lois et aux mœurs, lorsqu'elle porte atteinte à la liberté religieuse du donataire, de l'héritier ou du légataire, lorsqu'elle gène la liberté qu'il a, soit de se marier ou remarier, même avec des personnes désignées, soit d'embrasser tel état, emploi ou profession, ou lorsqu'elle tend à le détourner de remplir les devoirs imposés, et d'exercer les fonctions déférées par les lois aux citoyens.

Art. 2. Les avantages stipulés entre les époux encore existans, soit par leur contrat de mariage, soit par des actes postérieurs, ou qui se trouveraient établis dans de certains lieux par les coutumes, statuts ou usages, auront leur plein et entier effet; néanmoins, s'il y a des enfans de leur union, ces avantages, au cas qu'ils consistent en simple jouissance, ne pourront s'élever au-delà de la moitié du revenu des biens délaissés par l'époux décédé; et s'ils consistent en dispositions de propriété, soit mobilière, soit immobilière, ils seront restreints à l'usufruit des choses qui en sont l'objet, sans qu'ils puissent excéder la moitié du revenu de la totalité des biens.

Art. 3. La même disposition aura lieu à l'égard des institutions, dons ou legs faits dans les actes de dernière volonté, par un mari à sa femme, ou par une femme à son mari, dont les successions sont ouvertes depuis la promulgation de la loi du 7 mars dernier.

Art. 4. Les ci-devant religieux et religieuses sont appelés

à recueillir les successions qui leur sont échues à compter du 14 juillet 1789.

Art. 7. Lorsque les ci-devant religieux et religieuses viendront à succéder en vertu des articles 5 et 6 ci-dessus, concurremment avec d'autres co-héritiers, les dots qui leur auront été fournies, par ceux à qui ils succéderont, seront imputées sur leur portion héréditaire.

Art. 8. Les enfans et descendans ne pourront prendre part aux successions de leurs pères, mères ou autres ascendans, sans rapporter les donations qui leur ont été faites par ceux-ci antérieurement au 14 juillet 1789; sans préjudice néanmoins de l'exécution des coutumes qui assujettissent les donations à rapport, même dans le cas où les donataires renoncent à la succession du donateur.

Art. 9. Les successions des pères, mères ou autres ascendans, et des parens collatéraux....., qui s'ouvriront à l'avenir, seront partagées également entre les enfans, descendans ou héritiers en ligne collatérale, nonobstant toutes les lois, coutumes, usages, testamens..... En conséquence les enfans, descendans et héritiers en ligne collatérale, ne pourront même, en renonçant à ces successions, se dispenser de rapporter ce qu'ils auront eu à titre gratuit..., etc.

Art. 10. Les donations et dispositions faites par contrats de mariage, en ligne collatérale, sont seules exceptées de l'article précédent.

Art. 11. Les dispositions de l'art. 9 ci-dessus ne font point obstacle, pour l'avenir, à la faculté de disposer du *dixième* de son bien, si l'on a des héritiers en ligne directe, ou du *sixième* si l'on n'a que des héritiers collatéraux, au profit d'autres que les personnes appelées par la loi au partage des successions.

Art. 12. Toutes dispositions entre vifs ou à cause de mort, faites par pères ou mères encore vivans, au préjudice de leurs enfans et en faveur de leurs collatéraux ou d'étrangers, sont nulles et de nul effet.

Art. 13. Sont pareillement nulles et de nul effet toutes dispositions entre vifs ou à cause de mort, faites par des parens collatéraux, au préjudice de leurs présomptifs héritiers, en faveur d'autres collatéraux ou d'étrangers.

Art. 14. Le mariage d'un des héritiers présomptifs, soit en ligne directe, soit en ligne collatérale, ni les dispositions contractuelles faites en le mariant, ne pourront lui être opposés pour l'exclure du partage égal, à la charge par lui de rapporter ce qui lui aura été donné ou payé lors de son mariage.

Extrait de la loi du 12 Brumaire an II, en ce qui concerne les enfans naturels.

Art. 1er. Les enfans actuellement existans, nés hors du mariage, seront admis aux successions de leurs pères et mères ouvertes depuis le 14 juillet 1789.

Ils le seront également à celles qui s'ouvriront à l'avenir sous la réserve portée par l'article 10 ci-après.

Art. 2. Leurs droits de successibilité sont les mêmes que ceux des autres enfans.

Art. 8. Pour être admis à l'exercice des droits ci-dessus dans la succession de leurs pères décédés, les enfans nés hors le mariage seront tenus de prouver leur possession d'état. Cette preuve ne pourra résulter que de la représentation d'écrits publics ou privés du père, ou de la suite des soins donnés, à titre de paternité et sans interruption, tant à leur entretien qu'à leur éducation. La même disposition aura lieu pour la succession de la mère.

Art. 9. Les enfans nés hors du mariage, dont la filiation sera prouvée de la manière qui vient d'être déterminée, ne pourront prétendre aucun droit dans les successions de leurs parens collatéraux ouvertes depuis le 14 juillet 1789.

Mais à compter de ce jour, il y aura successibilité réciproque entr'eux et leurs parens collatéraux à défaut d'héritiers directs.

Art. 10. A l'égard des enfans nés hors du mariage, dont le père et la mère seront encore existans lors de la promulgation du Code civil, leur état et leurs droits seront en tous points réglés par les dispositions du Code.

Nota. Il est à remarquer, 1o. que la rétroaction que comporte la première disposition de l'article 1er. a été abrogée pour la loi du 15 thermidor an IV; de sorte que cet article n'attribue des droits qu'à compter du jour de la publication du décret du 4 juin 1793, qui décide que les enfans nés hors le mariage succéderont à leurs père et mère dans la forme qui sera déterminée;

2o. Que, pour les successions ouvertes depuis le 4 juin 1793 jusqu'au 12 brumaire, la preuve de la filiation par la possession d'état est suffisante, mais que depuis cette dernière loi, la preuve ne peut résulter que d'une reconnaissance reçue par un officier public;

3o. Que les successions auxquelles les enfans naturels ont été appelés, lorsquelles sont ouvertes avant la publication du Code civil, sont régies, quant aux droits de ces enfans, par la loi de brumaire;

4o. Que le Code civil ne régit que les successions ouvertes depuis sa publication.

Extrait de la loi du 12 Brumaire an II, en ce qui concerne les enfans adultérins ou incestueux.

Art. 13. Sont exceptés ceux de ces enfans dont le père ou la mère était, lors de leur naissance, engagé dans les liens du mariage.

Il leur sera seulement accordé, à titre d'alimens, le tiers en propriété de la portion à laquelle ils auraient droit s'ils étaient nés hors le mariage.

Art. 14. Néanmoins, s'il s'agit de la succession de personnes séparées de corps, par jugement ou acte authentique, leurs enfans nés hors le mariage exerceront tous les droits de successibilité énoncés dans l'article 1er., pourvu que leur naissance soit postérieure à la demande en séparation.

Nota. Ces dispositions, qu'une politique insensée avait introduites dans la loi, étaient une dérogation au droit naturel qui, dans de tels cas, ne prescrit que des alimens viagers. Cette législation, contraire à la morale publique, troublait l'ordre des familles en y appelant, par l'art. 13, à partager la propriété, des êtres qui n'y avaient aucun droit; et en y introduisant, comme parties intégrantes avec le droit d'hérédité, même dans les successions collatérales, conformément à l'article 9, des êtres qui n'en étaient pas moins adultérins, quoiqu'il y eût séparation de corps demandée ou consommée.

Il est affligeant pour la société que la loi d'indemnité puisse donner lieu à l'application d'une telle législation.

Extrait de la loi du 17 Nivôse an II, quant aux donations et successions pour l'avenir.

Art. 16. Les dispositions générales de la présente loi ne font point obstacle pour l'avenir à la faculté de disposer du dixième de son bien, si l'on a des héritiers en ligne directe, ou du sixième si l'on n'a que des héritiers collatéraux, au profit d'autres que des personnes appelées par la loi au partage des successions.

Art. 26. Toutes donations à charge de rentes viagères, ou ventes à fonds perdus, en ligne directe ou collatérale, à l'un des héritiers présomptifs ou à ses descendans, sont interdites, à moins que les parens du degré de l'acquéreur et de degrés plus prochains n'y interviennent et n'y consentent.

Art. 32. En cas que les dispositions aient été faites par un homme décédé sans parens, le donataire ou institué en conservera l'effet.

Règles générales pour le partage des successions.

Art. 62. La loi ne reconnaît aucune différence dans la nature des biens ou dans leur origine pour en régler la transmission.

Art. 63. Il y a trois espèces de successions pour les parens; la succession qui échoit aux descendans, celle qui échoit aux ascendans, et celle à laquelle sont appelés les parens collatéraux.

De la Succession des descendans.

Art. 64. Si le défunt laisse des enfans, ils lui succèdent également.

Art. 65. A défaut d'enfans, les petits-enfans succèdent à leur aïeul ou aïeule.

Art. 66. A défaut des petits enfans, les arrières-petits-enfans succèdent à leur bisaïeul ou bisaïeule.

Art. 67. A défaut de ceux-ci, les autres descendans succèdent dans l'ordre de leur degré.

Art. 68. Lorsqu'il y aura des petits enfans ou des descendans des degrés ultérieurs, la représentation aura lieu.

De la Succession des ascendans.

Art. 69. Si le défunt n'a laissé ni descendans, ni frères ou sœurs, ni descendans de frères ou de sœurs, ses père et mère ou le survivant d'entr'eux lui succèdent.

Art. 70. A défaut des pères et mères, les aïeuls et aïeules ou les survivans d'entr'eux succèdent, s'il n'y a pas de descendant de quelqu'un d'entr'eux.

Art. 71. A défaut d'aïeuls ou aïeules, les ascendans supérieurs sont appelés à la succession, suivant la proximité du degré, s'il ne reste pas de descendans de ce même degré.

Art. 72. Dans tous les cas les ascendans sont toujours exclus par les héritiers collatéraux qui descendent d'eux ou d'autres ascendans au même degré.

Art. 73. Les ascendans succèdent toujours par tête.

Art. 74. Les biens donnés par les ascendans à leurs descendans, avec stipulation de retour, ne sont pas compris dans les règles ci-dessus; ils ne font pas partie de la succession du descendant, tant qu'il y a lieu au droit de retour.

Des Successions collatérales.

Art. 75. Les parens collatéraux succèdent lorsque le défunt n'a pas laissé de parens en ligne directe.

Art. 76. Ils lui succèdent même au préjudice de ses ascendans lorsqu'ils descendent d'eux ou d'autres ascendans au même degré.

Art. 77. La représentation a lieu jusqu'à l'infini en ligne collatérale. Ceux qui descendent des ascendans les plus proches du défunt, excluent ceux qui descendent des ascendans plus éloignés de la même ligne.

Art. 78. Ainsi les descendans du père excluent tous les descendans des aïeul et aïeule paternels. Les descendans de la mère excluent tous les autres descendans des aïeul et aïeule maternels.

Art. 79. A défaut des descendans du père, les descendans des aïeul et aïeule paternels excluent tous les autres descendans des bisaïeul et bisaïeule de la même ligne.

Art. 80. A défaut des descendans de la mère, les descendans des aïeul et aïeule maternels excluent tous les autres descendans des bisaïeul et bisaïeule de la même ligne.

Art. 81. La même exclusion a lieu en faveur des descendans des bisaïeul et bisaïeule, ou ascendans supérieurs, contre ceux des ascendans d'un degré plus éloigné dans la même ligne.

Art. 82. Par l'effet de la représentation, les représentans entrent dans la place, dans le degré et dans tous les droits du représenté. La succession se divise en autant de parties qu'il y a de branches appelées à la recueillir; et la subdivision se fait de la même manière entre ceux qui en font partie.

Art. 83. Si donc les héritiers du défunt descendent, les uns de son père, les autres de sa mère, une moitié de la succession sera attribuée aux héritiers paternels, et l'autre moitié aux héritiers maternels.

Art. 84. Si le défunt n'a pas laissé d'héritiers descendant de son père, la portion paternelle sera attribuée pour une moitié aux descendans de l'aïeul paternel, et pour une autre aux descendans de l'aïeule paternelle.

Art. 85. Si le défunt n'a pas laissé d'héritiers descendant de sa mère, la portion maternelle sera pareillement partagée entre les descendans de l'aïeul maternel et ceux de l'aïeule maternelle.

Art. 86. Il en sera de même si le défunt n'a pas laissé d'aïeul ou d'aïeule, soit dans l'une, soit dans l'autre branche. Les descendans du bisaïeul et ceux de la bisaïeule prendront chacun une moitié dans la portion qui aurait appartenu à l'aïeul ou à l'aïeule.

Art. 87. Il en sera de même encore pour les descendans des degrés supérieurs, lorsque le bisaïeul ou la bisaïeule n'auront pas laissé de descendans.

Art. 88. Ces règles de représentations seront suivies dans la subdivision de chaque branche. On partagera d'abord la portion qui est attribuée à chacune, en autant de parties égales que le chef de cette branche aura laissé d'enfans, pour attribuer chacune de ces parties à tous les héritiers qui descendent de l'un de ces enfans, sauf à la subdiviser encore entr'eux dans les degrés ultérieurs, proportionnellement aux droits de ceux qu'ils représentent.

Art. 89. La loi n'accorde aucun privilége au double lien, mais si des parens collatéraux descendent tout-à-la-fois des auteurs de plusieurs branches appelées à la succession, ils recueilleront cumulativement la portion à laquelle ils sont appelés dans chaque branche.

Art. 90. A défaut de parens de l'une des lignes paternelle ou maternelle, les parens de l'autre ligne succéderont pour le tout.

Extrait de la loi du 22 Ventôse an II.

47. A ce qu'il soit déclaré si les retenues légales auront lieu par rapport aux dispositions à cause de mort, contenant titre universel, dont l'effet ne s'est ouvert que depuis la promulgation de la loi du 5 brumaire, sans qu'il y ait eu nouvelle disposition circonscrite dans les termes du droit nouveau.

Sur la 47e. question : Que la loi a aboli ces anciennes dispositions; et que si elle a simplement réduit à une quotité celle dont l'auteur décédé ne pouvait refaire un nouvel acte, ce motif a cessé lorsque cet auteur a survécu à la promulgation de la loi du 5 brumaire; qu'ainsi, et s'il ne l'a pas fait, l'ancienne disposition est nulle pour le tout, sans quoi il n'y aurait pas de raison pour ne pas attribuer le même effet aux dispositions de cette nature qui pourraient échoir dans vingt ou trente ans, ce qui ferait ainsi concourir deux sortes de législations qui ne doivent plus rien avoir de commun par la suite.

Décret du 9 Fructidor an III.

La Convention nationale, sur le rapport de son comité de législation, décrète que les lois des 5 brumaire et 17 nivôse an II de la république, concernant les divers modes de transmissions des biens dans les familles, n'auront d'effet qu'à compter des époques de leur promulgation.

Extrait de la loi du 3 Vendémiaire an IV.

Art. 12. En conséquence de la loi du 9 fructidor dernier et des articles ci-dessus, ladite loi du 5 brumaire, celle du 17 nivôse, en ce qu'il n'y est point dérogé; celle du 7 mars 1793 sur les dispositions en ligne directe, et toutes lois antérieures non abrogées, relatives aux divers modes de transmission des biens, auront leur exécution chacune à compter du jour de sa publication.

Extrait de la loi du 15 Thermidor an IV, concernant les droits successifs des enfans nés hors le mariage.

Art. 1er. Le droit de succéder à leurs père et mère accordé aux enfans nés hors le mariage, par la loi du 4 juin 1793, n'aura d'effet que sur les successions échues postérieurement à la publication de ladite loi.

L'effet rétroactif attribué à ce droit par la première disposition de l'article 1er. de la loi du 12 brumaire an II, est aboli.

L'article 13 de la loi du 3 vendémiaire dernier et la loi du 26 du même mois, en ce qui concerne l'exercice de ce même droit, sont abrogés, sans qu'ils puissent être opposés comme moyens de nullité contre les procédures exercées pour l'exécution de la loi du 4 juin 1793.

Art. 4. Le droit de successibilité réciproque entre les enfans nés hors le mariage et leurs parens collatéraux, et celui donné à ces enfans et à leurs descendans de représenter leurs père et mère, n'auront d'effet que par le décès de ces derniers, postérieur à la publication de la loi du 4 juin 1793, et seulement sur les successions ouvertes depuis la publication de celle du 12 brumaire.

Extrait de la loi du 18 Pluviôse an V.

Art. 2. Les réserves faites par les donateurs ou auteurs des institutions contractuelles, qui n'en auront pas valablement disposé, feront partie de leur succession *ab intestat*, et seront partagées également entre tous les héritiers autres que les donataires ou les institués, sans imputation sur les légitimes ou portions de légitimes dont les héritiers institués ou donataires auront été grevés.

Il n'est pas innové par la disposition du présent article, aux réunions desdites réserves déjà opérées en faveur des institués ou donataires, conformément à l'article 18 de l'ordonnance du mois de février 1731, par le décès des donateurs et des instituans avant la publication de la loi du 5 brumaire de l'an II.

Nota. Cet article abroge la dernière partie de l'art. 18 de l'ordonnance de 1731 sur les donations, laquelle accordait au donataire ou à ses héritiers l'objet réservé quand il n'en avait pas été disposé; mais il maintient les droits acquis avant la publication du 5 brumaire et confirme l'abolition de l'effet rétroactif.

Extrait de la loi du 18 *Pluviôse an V.*

Art. 4. Les actes de dernière volonté, faits antérieurement à la publication des lois des 5 brumaire et 17 nivôse an II, et qui n'ont pas été refaits ou renouvelés depuis dans les cas même où la loi en indiquait l'obligation, restent néanmoins valables, et sont seulement réductibles jusqu'à concurrence de la quotité disponible lorsqu'ils sont l'ouvrage, 1°. de militaires décédés au service de la patrie, ou de personnes mortes au service des armées; 2°. de personnes décédées en maison de réclusion, ou qui ont péri en vertu de jugemens révolutionnaires, ou qui ont demeuré cachées par suite de mise hors la loi, ou de mandats d'arrêt; 3°. de personnes mortes en voyage de long cours.

Il n'est rien changé, à l'égard des autres citoyens, aux dispositions établies, notamment par l'article 47 de la loi du 22 ventôse, et par l'article 33 de celle du 9 fructidor an II, relativement à l'effet qu'ont perdu ou conservé les actes de dernière volonté, faits antérieurement à la loi du

5 brumaire, par des personnes qui ont survécu à la publication de ladite loi, sans les renouveler; néanmoins lesdits actes conserveront sans distinction leur effet, jusqu'à concurrence de la portion disponible dans toutes les successions ouvertes jusqu'à la publication du décret du 22 ventôse, qui a déclaré formellement la nécessité de renouveler les dispositions à titre universel.

Nota. Il y a deux dispositions bien distinctes dans cet article; l'une relative aux personnes qui ont été empêchées de renouveler par les causes indiquées; l'autre relative aux personnes qui n'ont pas été empêchées.

Les actes de dernière volonté des premières sont maintenus sauf réduction à la quotité disponible, laquelle était, d'après l'art. 11 de la loi du 5 brumaire, du dixième si le donateur avait des enfans, et du sixième s'il n'en avait pas. Les actes de dernière volonté des dernières, quant aux dispositions universelles, sont déclarées nulles, parce que ces personnes, en y persistant, ont fait des actes contraires à la loi, et par cette raison frappés de nullité par le décret du 7 mars 1793, et par le droit commun.

Loi du 4 Germinal an VIII, concernant les libéralités par actes entre vifs ou de dernière volonté.

Art. 1er. A compter de la publication de la présente loi, toutes libéralités qui seront faites, soit par actes entre vifs, soit par actes de dernière volonté, dans les formes légales, seront valables lorsqu'elles n'excéderont pas le quart des biens du disposant, s'il laisse, à son décès, moins de quatre enfans; le cinquième, s'il laisse quatre enfans; le sixième, s'il en laisse cinq, et ainsi de suite, en comptant toujours, pour déterminer la portion disponible, le nombre des enfans, plus un.

Art. 2. Sont compris dans l'article précédent, sous le nom d'enfans, les descendans en quelque degré que ce soit;

néanmoins ils ne seront comptés que pour l'enfant qu'ils représentent dans la succession du disposant.

Art. 3. Vaudront pareillement les libéralités qui seront faites dans les formes légales, soit par actes entre vifs, soit par actes de dernière volonté, lorsqu'elles n'excéderont pas,

La moitié des biens du disposant s'il laisse, soit des ascendans, soit des frères ou sœurs, soit des enfans ou petits enfans des frères ou sœurs;

Les trois quarts, lorsqu'il laisse, soit des oncles ou grand-oncles, tantes ou grand'-tantes, soit des cousins germains ou cousines germaines, soit des enfans desdits cousins ou cousines.

Art. 4. A défaut de parens dans les degrés ci-dessus exprimés, les dispositions à titre gratuit pourront épuiser la totalité des biens du disposant.

Art. 5. Les libéralités autorisées par la présente loi pourront être faites au profit des enfans ou autres successibles du disposant, sans qu'ils soient sujets à rapport.

Art. 6. Toutes lois contraires à la présente sont abrogées; néanmoins il n'est dérogé ni à celles qui règlent l'ordre des successions *ab intestat*, ni à celles qui concernent les dispositions entre époux.

Extrait de la loi du 28 *Avril* 1816 (le Budget).

Second paragraphe de l'article 116.

A l'égard des biens à restituer qui consisteront en domaines engagés, la loi du 11 pluviôse an XII, et le paragraphe deuxième de l'article 15 de la loi du 14 ventôse an VII, sont rapportés. Les possesseurs réintégrés ne seront assujettis qu'à l'exécution des autres dispositions de cette dernière loi.

La présente disposition sera commune à tous les engagistes.

Extrait de la loi du 14 Ventôse an VII, relative aux Domaines engagés.

Art. 13. Les engagistes qui ne sont maintenus par aucun des articles précédens, et même les échangistes, dont les échanges sont déjà révoqués ou susceptibles de révocation, sont tenus, à peine d'être déchus de la faculté portée en l'article suivant, de faire, dans le mois de la publication de la présente, à l'administration centrale du département où sont situés les biens ou la majeure partie des biens engagés ou échangés, non encore vendus par la nation, ni soumissionnés en exécution de la loi du 28 ventôse an IV et autres y relatives, la déclaration générale des fonds faisant l'objet de leur engagement, échange ou autre titre de concession.

Art. 14. Ceux qui auront fait la déclaration ci-dessus, pourront, dans le mois suivant, faire devant la même administration la soumission irrévocable de payer en numéraire métallique le quart de la valeur desdits biens, estimés comme il sera dit ci-après, avec renonciation à toute imputation, compensation ou distraction de finance ou amélioration.

En effectuant cette soumission, ils seront maintenus dans leur jouissance, ou réintégrés en icelle s'ils ont été dépossédés et que leurs biens se trouvent encore sous la main de la nation; déclarés en outre et reconnus propriétaires incommutables, et en tout assimilés aux acquéreurs de biens nationaux aliénés en vertu des décrets des assemblées nationales.

Nota. Nous pensons qu'il est indispensable aux réclamans l'indemnité de faire la déclaration prescrite par l'article 13, dont la disposition est maintenue par l'article 116 de la loi du 28 avril 1816, et n'est pas, même implicitement, abrogée par l'article 9, titre II, de la loi d'indemnité.

Extrait de l'édit du mois de Juin 1771, portant création de conservateur des hypothèques.

Art. 15. Les créanciers, et tous ceux qui prétendront droit de privilége et hypothèque, à quelque titre que ce soit, sur les immeubles tant réels que fictifs de leurs débiteurs, de quelque nature que soient les immeubles, en quelque lieu et coutume qu'ils soient situés, seront tenus, à compter du jour du présent édit, de former leur opposition entre les mains des conservateurs créés par l'article 2, à l'effet par les créanciers de conserver leurs hypothèques et priviléges lors des mutations de propriété des immeubles et des lettres de ratification qui seront prises sur lesdites mutations par les nouveaux propriétaires.

Art. 17. Toutes personnes, de quelque qualité qu'elles soient, même les mineurs, les interdits, les absens, les gens de main-morte, les femmes en puissance de mari, seront tenus de former opposition dans la forme ci-dessus, sous peine de déchéance de leurs hypothèques, sauf le recours, ainsi que de droit, contre les tuteurs et administrateurs qui auront négligé de former opposition.

Art. 18. Les syndics et directeurs des créanciers unis pourront s'opposer audit nom, et par cette opposition ils conserveront les droits de tous lesdits créanciers.

Nota. Que si les syndics et directeurs, faute de s'opposer, ont compromis les intérêts des créanciers unis, il y a lieu à recours contr'eux.

Art. 19. Entre les *créanciers opposans*, les privilégiés seront les premiers payés sur le prix desdites acquisitions; après les privilégiés acquittés, les hypothécaires seront colloqués suivant l'ordre et le rang de leurs hypothèques; et s'il reste des deniers après l'entier paiement desdits créanciers, privilégiés et hypothécaires, la distribution s'en fera par contribution entre les *créanciers chirographaires opposans*, par préférence aux créanciers privilégiés ou hypothécaires qui auraient négligé de faire opposition.

Art. 35. Abrogeons l'usage des saisies et nantissemens pour acquérir hypothèque et préférence, dérogeant à cet effet à toutes coutumes et usages à ce contraires.

Nota. Cet article fut expliqué et maintenu par l'édit du 23 juin 1772. Les coutumes qu'il abroge, quant aux saisies et nantissement, qu'il déclare n'être plus nécessaires pour acquérir privilége ou hypothèque, sont notamment celles de Flandre et du Hainaut.

Loi du 4 Germinal an II.

La Convention nationale, après avoir entendu le rapport du comité de salut public, décrète ce qui suit :

« Nulle femme ou fille d'émigré, soit qu'elle soit divorcée ou non, ne pourra épouser un étranger, ni sortir du territoire de la république, ni vendre ses biens, sous peine d'être traitée comme émigrée. »

Loi du 25 Prairial an III.

La Convention nationale, après avoir entendu le rapport de son comité de législation, décrète :

« La loi du 4 germinal an II, qui défend aux femmes et filles d'émigrés de vendre leurs biens, ou d'épouser des étrangers, sous peine d'être traitées comme émigrées, est rapportée, sans préjudice néanmoins de l'exécution des lois générales sur l'émigration.

Nota. Ces lois, dont la première est en partie abrogée par la seconde, sont entièrement abrogées par l'article 23 de la loi d'indemnité.

Extrait de la loi du 5 Décembre 1814.

Art. 1er. Sont maintenus et sortiront leur plein et entier

effet, soit envers l'état, soit envers les tiers, tous jugemens et décisions rendus, tous actes passés, tous droits acquis avant la publication de la Charte constitutionnelle, et qui seraient fondés sur des lois ou des actes du Gouvernement relatifs à l'émigration.

Décret du 18 Août 1807, prescrivant les formalités pour les saisies-arrêts ou oppositions entre les mains des receveurs ou administrateurs de caisse ou de deniers publics.

Vu l'avis du Conseil-d'état du 12 mai 1807, approuvé par nous le 1er. juin suivant;

Vu le titre, etc.

Art. 1er. Indépendamment des formalités communes à tous les exploits, tout exploit de saisie-arrêt ou opposition entre les mains des receveurs, dépositaires ou administrateurs de caisses ou de deniers publics, en cette qualité, exprimera clairement les noms et qualités de la partie saisie, il contiendra, en outre, la désignation de l'objet saisi.

Art. 2. L'exploit énoncera pareillement la somme pour laquelle la saisie-arrêt ou opposition est faite; et il sera fourni, avec copie de l'exploit, auxdits receveurs, caissiers ou administrateurs, copie ou extrait en forme du titre du saisissant.

Art. 3. A défaut par le saisissant de remplir les formalités prescrites par les articles 1 et 2 ci-dessus, la saisie-arrêt ou opposition sera regardée comme non avenue.

Art. 4. La saisie-arrêt ou opposition n'aura d'effet que jusqu'à concurrence de la somme portée en l'exploit.

Art. 5. La saisie-arrêt ou opposition formée entre les mains des receveurs, dépositaires ou administrateurs de caisses ou de deniers publics, en cette qualité, ne sera point valable, si l'exploit n'est fait à la personne préposée pour le recevoir, et s'il n'est visé par elle sur l'original, ou, en cas de refus, par le procureur du Roi près le tribunal de première instance de leur résidence, lequel en donnera de suite avis aux chefs des administrations respectives.

Art. 6. Les receveurs, dépositaires ou administrateurs seront tenus de délivrer, sur la demande du saisissant, un certificat qui tiendra lieu, en ce qui les concerne, de tous autres actes et formalités prescrits, à l'égard des tiers-saisis par le titre XX du liv. III du Code de procédure civile (1).

S'il n'est rien dû au saisi, le certificat l'énoncera;

Si la somme due au saisi est liquide, le certificat en déclarera le montant;

Si elle n'est pas liquide, le certificat l'exprimera.

Art. 7. Dans le cas où il serait survenu des saisies-arrêts ou oppositions sur la même partie et pour le même objet, les receveurs, dépositaires ou administrateurs seront tenus, dans les certificats qui leur seront demandés, de faire mention desdites saisies-arrêts ou oppositions, et de désigner les noms et élection de domicile des saisissans, et les causes desdites saisies-arrêts ou oppositions.

Art. 8. S'il survient de nouvelles saisies-arrêts ou oppositions depuis la délivrance du certificat, les receveurs, dépositaires ou administrateurs seront tenus, sur la demande qui leur en sera faite, d'en fournir un extrait contenant pareillement les noms et élection de domicile des saisissans, et les causes desdites saisies ou oppositions.

Art. 9. Tout receveur, dépositaire ou administrateur de caisses ou de deniers publics, entre les mains duquel il existera une saisie-arrêt ou opposition sur une partie prenante, ne pourra vider ses mains sans le consentement des parties intéressées, ou sans y être autorisé par justice.

---

(1) Il y a erreur : le livre III n'a qu'un titre, celui de l'*appel;* il faut lire : par le titre VII du livre V.

www.ingramcontent.com/pod-product-compliance
Ingram Content Group UK Ltd.
Pitfield, Milton Keynes, MK11 3LW, UK
UKHW021048230726
13926UKWH00004B/1712